青春美文精品集萃丛书·美好童心系列

童心是
天真烂漫的智慧

《语文报》编写组　选编

时代文艺出版社

图书在版编目（CIP）数据

童心是天真烂漫的智慧/《语文报》编写组选编.
-- 长春：时代文艺出版社，2021.6
（青春美文精品集萃丛书.美好童心系列）
ISBN 978-7-5387-6766-7

Ⅰ.①童… Ⅱ.①语… Ⅲ.①作文－小学－选集
Ⅳ.①H194.4

中国版本图书馆CIP数据核字(2021)第096481号

童心是天真烂漫的智慧
TONGXIN SHI TIANZHEN-LANMAN DE ZHIHUI

《语文报》编写组　选编

出 品 人：陈　琛
责任编辑：王金弋
装帧设计：任　奕
排版制作：隋淑凤

出版发行：时代文艺出版社
地　　址：长春市福祉大路5788号　龙腾国际大厦A座15层　（130118）
电　　话：0431-81629751（总编办）　0431-81629755（发行部）
网　　址：weibo.com/tlapress（官方微博）　sdwycbsgf.tmall.com（天猫旗舰店）
开　　本：880mm×1230mm　1/32
字　　数：135千字
印　　张：7
印　　刷：三河市嵩川印刷有限公司
版　　次：2021年6月第1版
印　　次：2021年6月第1次印刷
定　　价：36.00元

图书如有印装错误　请寄回印厂调换

编 委 会

主　　编：刘应伦
编　　委：刘应伦　赵　静　李音霞
　　　　　郭　斐　刘瑞霞　王素红
　　　　　金星闪　周　起　华晓隽
　　　　　何发祥　朱晓东　陈　颖
　　　　　段岩霞　刘学强

本册主编：黄银花

Contents
目　录

天真烂漫的时光

我爱读书　/　潘文颖　002
我的小伙伴　/　戴秉芬　004
我们班的小雷锋　/　蔡雅茵　006
习惯了，爱　/　李佳宝　008
"非常"老师　/　苏嘉鑫　010
我的老师妈妈　/　陈君钊　013
家有"撒谎"爷爷　/　王旭坤　016
我的外公"不漏汤"　/　潘诗烨　018
家有"节约"奶奶　/　王冰莹　020

让梦想插上智慧的翅膀

难忘"雨中情"　/　陈梓璇　024
关爱老人，从身边小事做起　/　黄鑫玥　026

那群最可爱的人 / 戴冰滢 028
人民子弟兵——我们最可爱的人 / 黄明锋 031
卖麻花的老人 / 王欣桐 034
一个难忘的人 / 黄森毅 036
修车老人 / 王雨彤 038
美丽的女孩儿 / 黄 涵 040
让梦想插上智慧的翅膀 / 周巧玲 042
我想成为"糖果大王" / 戴晶晶 044
我想当个"啃书王" / 潘妮妮 046
我们换了个"小"老师 / 黄志钦 048
同桌"修理铺"开张 / 苏韵涵 050
一把"令人回味"的雨伞 / 周斌莹 052

难忘的校园生活

美好的回忆 / 张雨欣 056
艺术就在我们身边 / 黄凯燕 058
"马"到成功 / 黄永煌 060
圆梦 / 李金枝 062
军训真有趣 / 苏 莹 064
这年的军训"有点儿怪" / 阮钧熔 066
教室里的"打雷声" / 黄晓南 070
难忘的一堂课 / 叶晓艺 072
冬季运动会序曲 / 阮小玥 074

"别有味道"的月饼 / 陈滢 076

"怪味"六一 / 可可 078

第一次走夜路 / 黄梓妍 081

第一次包饺子的启示 / 苏绍贤 083

第一次被冤枉 / 黄轩 085

第一次骑双人自行车 / 黄思莹 088

对坏习惯说再见

挥泪斩断"坏习惯" / 黄君娜 092

不再乱花钱 / 徐思敏 095

和健忘说再见 / 陈凯聪 098

都是粗心惹的祸 / 林芷璇 100

学骑自行车 / 苏炽培 102

放假头一天 / 黄志鸿 104

我们自由了 / 陈宇欣 106

环境污染何时才能停止 / 黄雅琪 109

诚"食"无价 / 苏倩倩 111

诚信无价 / 陈悦凡 114

刺眼的一百分 / 苏俊贤 116

自信胶囊 / 黄珊珊 118

超时空神灯 / 苏伟林 121

智能拐杖 / 黄子涵 124

追寻梦中的绿水青山

让地球妈妈永披绿色时装 / 李珊妮　128
保护青山绿水，呵护我们的家园 / 黄燕瑜　131
守护青山绿水 / 李瑞瑜　134
为美好的明天努力 / 黄凯杰　136
五星红旗迎风飘扬 / 黄海燕　138
祖国在我心中 / 戴欣欣　140
我最爱的一本书 / 林小宇　142
珍惜生命 / 黄秋英　144
我与《科学家的故事》 / 黄书涵　146
我也要像钢铁一般坚强 / 蔡志英　148
购物插曲 / 蔡子怡　150
爱车"无家可归" / 王馨悦　153
车子带来的"烦恼" / 汪婷婷　156
家乡的大海 / 王书晨　159
我的家乡 / 詹晓钰　161
美丽的香格里拉 / 王一涵　163
美丽的秋天 / 潘子钰　165

伴你走过四季

春光很活泼 / 苏钰涵　168

秋天是彩色的 /	黄泽凯	170
我眼中的冬天 /	戴文泽	172
夏天的脚步 /	黄洪武	174
可爱的小金鱼 /	黄鸿锐	176
古灵精怪的小仓鼠 /	潘晶莹	178
我家的小白鼠 /	黄静文	181
小白兔 /	刘宇微	183
假如我是风 /	陈东晓	185
假如我当上了老师 /	黄文彬	187
假如我是一棵树苗 /	李思齐	189
假如我是孙悟空 /	江小婷	191
无籽西瓜 /	郭婷婷	193
"不用钱"的西红柿 /	黄伟江	195
抢水 /	黄宇煌	198
爱心小屋 /	黄伟超	201
小树的眼泪 /	曾思虹	204
天生我材必有用 /	苏茹萍	207
不经一番寒彻骨,哪得梅花香如许 /	戴雨芳	209
哭泣的小金鱼 /	黄米莱	212

天真烂漫的时光

我爱读书

潘文颖

我爱读书，读书让我感到充实，让我感到快乐！

在咿呀学语的时候，我看到身边的大哥哥大姐姐都有书读，心里羡慕极了，我吵嚷着向爸妈索要一本书。他们说我看不懂，打算等我长大点儿再买。我死活不愿意，最后我如愿以偿，拥有了我自出生以来的第一本书——《格林童话》。我不识字，天天抱着我那宝贝似的书，虽读不好，心中依然感到很快乐。于是就经常吵着妈妈给我读故事。

等我渐渐长大，上一年级时，妈妈买回《安徒生童话》《大人国游记》《吃糖大王和巧克力魔法》等童话书。我用拼音一个字一个字拼着读。在儿时的我看来，那段读书的日子是"艰辛"的，读得很吃力。不过我还是愿意忍受自己躁动的坏毛病去读。因为书中每一个字眼儿都像具有魔法的精灵似的，他们张开翅膀来到我的窗前，窥视着我，从窗户隙里，从门缝里钻进来，躲在那些拥挤的家具背后。每一个影子都在蠕动着。她们来到我的身旁，抓着我的胳膊，给我插上了想象的翅膀，把我带入了那神奇而又遥远的国度。这里有美丽的白雪公主，活泼的小精灵和小矮人们都高兴地上蹿下跳，踱来踱去；可爱善良的艾丽斯，还有一间会飞的教室……到处都有奇异的花草树木，每一个角落都闪烁着奇异的光芒，使我久久不肯离去。

随着年龄的增长，我阅读的书也越来越多，从作文选到故事书，从故事书到小说，从小说到散文、诗集……如春蚕食叶，我的胃口越来越大，我的书柜越来越丰盈。

书中自有黄金屋，书中自有颜如玉。书中有如诗如画的风景，书中有慷慨激昂的悲歌，书中有感人肺腑的深情，书中有古贤今哲的教诲……寂寞时，手捧一本绘本，它会诉说人间百态，使我不再寂寞、空虚；烦恼时，拿出一本儿童文学，欣赏那些文学作品，顿时令人心旷神怡，烦恼烟消云散；痛苦时，书籍让我忘记痛苦；困惑时，书籍给我解疑；迷茫时，书籍给我指路；消沉时，书籍让我振作。读书实在让我感到充实和快乐。

书屋里这些变化着的书籍，记录着我成长的点点滴滴，是它们使我从无知到有知，从幼稚走向成熟，让我的生命充满金色的理想，给我最初如白纸般的生命增添了绚丽的色彩，构成一幅美丽的图画。

我的小伙伴

戴秉芬

　　一张爱笑的脸，一双带有双眼皮的眼睛，一张总爱吹牛的小嘴巴，又大又圆的平头，不算太高的个子，体型微胖，胖乎乎的小手总是不停地比画来比画去。这就是我童年的小伙伴——小颖，大名叫向思宇。

　　我和小颖是邻居，年龄相差几个月，他性格外向，活泼好动。我呢？性格稍稍内向一点儿，所以我非常喜欢和他在一起玩。

　　小颖最爱搞怪了，他经常躲在黑乎乎的楼梯间和门后，然后突然窜出来，吐着舌头、翻着白眼来吓唬我们，那样子活像鬼片里的僵尸，他还学着僵尸的样子一跳一跳，直吓得我们冒冷汗，直愣愣地站在那里，并且发出一阵阵尖叫声。这时，他便挥舞着双手，嘴里发出"哈哈哈哈"的笑声。当看清"僵尸"的真面目时，我们哭笑不得。有时他还会召集我和其他小伙伴们一起玩捉迷藏和接力游戏。每次玩捉迷藏，我们都会躲在附近的小吃摊那儿，若有敌人出现，我们便会围着桌子和敌人团团转，只见他在那张牙舞爪，上蹿下跳，把我们一个个逗得哈哈大笑，可苦了那些摊主了，每次游戏都搞得摊主们连生意都做不了，不过我们也只是玩了一会儿便跑开了，然后躲在汽车后面，继续玩我们的游戏……

小颖不仅活泼贪玩，而且喜爱运动。小颖的乒乓球技术非常好，比他大的人都打不赢他。只见他弓着腰、眯着眼，左手拿球，右手拿拍子，鼓起腮帮，用嘴轻轻一吹，双脚不停地移动，"嗖"的一声，球立刻飞了出去，对方就被打败了。包括我，也是他的手下败将。记得有一次，我和他一起打乒乓球，刚开始，他一个旋球就把我打败了，后来，我连输了十二次，气得我只好认输。

这就是我的小伙伴，一个活泼可爱又热爱运动的男孩儿。

我们班的小雷锋

蔡雅茵

一提起他，我们班的同学总会情不自禁地竖起大拇指夸奖他。班里有人忘了带文具，他会悄悄地递上；有人没有带水果，他会毫不犹豫地把自己的水果与他分享；有人遇到难题抓耳挠腮时，他又会不厌其烦地一遍遍反复为他讲解……

他是谁，他的身影是如此的熟悉，是呀，他不正像雷锋叔叔一样吗？他就是我们的一班之长——潘嘉宝。他在我们班的人气可高了，同学们都喜欢他，也都很听他的话。班长他不仅乐于助人，还像雷锋叔叔一样，时时刻刻严格要求自己，他的成绩在班级中是数一数二的，品行那更是没得说。多少次，看到他悄悄地把躺在地上的扫把扶正，组织班里一些班干部悄悄地修好了教室中破损的桌椅；默默地把班级图书角中的书排放整齐，把有卷角的地方抹平……

　　军训会操时，他扯着喉咙给同学们喊口令，为班集体争了光，过后他的嗓子却发不出声音了；在评选优秀小军人的时候，他却主动说自己往年评过了，今年要评给班里的其他同学。多么高尚的人呀，在繁重的任务面前，他没有丝毫的推辞，总是竭尽全力地为班级，为他人着想；可在荣誉面前，他想到的却是班里的同学。他不正像雷锋一样"心中只装着他人"吗？

　　在大家风风火火地寻找着雷锋的足迹的时候，在苦于不知道要怎样像雷锋一样做好事的时候，我要大声地告诉大家："我们的班长就是当今的'活雷锋'，我要努力向他看齐。"

　　"接过雷锋的枪，雷锋是我们的好榜样……"这首歌曲不断地在我的脑海中盘旋。班长，我要像你一样，做一个雷锋式的好少年，我真为有这样的伙伴而骄傲。

习惯了，爱

李佳宝

> 世上只有妈妈好，有妈的孩子像块宝，可我们这些宝贝却总不懂得珍惜，总觉得父母对我们的百般照顾都是理所应当的。
>
> ——题记

早晨，天空还继续沉浸在昏暗中。我的心在一天的开始之际就已沉重起来了。

起床，吃早饭。就在我看到桌上食物的那一刻，我的心情立刻从暴风雨前的闷热变为电闪雷鸣的暴风雨。搞什么呀，每次都吃稀饭、鸡蛋，就是每天吃山珍海味都会腻，更别说这些了。我重重地朝椅子上坐下去。听着椅脚与地板发出的巨大撞击声，心中竟升起一种无言的快感。

"女儿，怎么了？你没事吧？"妈妈的声音随即传来。

我没有回答她，就静静地坐着，想存心气气她。没过多久，妈妈风风火火地跑了过来。她见我没出什么事本想走的，却又发现桌上的早饭我动都没动，再看看我——一脸不悦。她想了一会儿，温柔地对我说："妈妈知道你不喜欢吃这个，可我昨天不小心忘了帮你买面包了。现在，你将就着吃点儿吧！明天再吃别的，好吗？"

　　妈妈温柔的语气、温柔的眼神可以融化世界上最冷的冰，却无法给我那颗躁动、烦闷的心带来丝丝清凉。我愤愤地看着她说："你还知道给我做别的？我才不信呢，你连女儿吃饭的事都会忘记，这足以证明你的心里根本没我！"我丢下这句话，背着书包走了。我不知道，此时，我的身后有一双悲伤的眼睛在看着我。

　　第二天早晨，我起床后发现家里只有我一个人。我跑到厨房，揭开锅盖，锅里空空如也。习惯了妈妈细心呵护的我感到令人恐惧的孤单，不争气的眼泪跑了出来。我喊着："妈妈，你在哪里？你还没给我做早饭，我……我要吃你做的早饭！呜……"这时，门竟然一下子打开了，妈妈提着早饭惊讶地望着泪眼婆娑的我。

　　因为习惯了爱，所以我们总是把父母的爱当作理所当然，任意漠视、践踏，直到孤单困难时才幡然醒悟。妈妈，现在，我懂得了您那浓浓的爱，在新的学期里，我将好好珍视，不再故意为难你，不再让您生气，我要用最好的成绩来回报您！相信我，新学期，我一定行！

"非常"老师

苏嘉鑫

为什么说我的语文老师是"非常"老师呢?那是因为她有许多的非常之处。

我的老师姓林,我们都尊称她林老师。她不高不矮,不胖也不瘦,鼻子上架着一副眼镜。一个蘑菇头让她和我们这群孩子靠得更近了。

非常之一:谦虚

有一次,上课时,在我们眼中几乎无所不能、战无不胜的老师竟然要学生们当老师讲课,自己则坐在台下当一名学生。我们吃惊了许久之后,见老师不慌不忙地坐在了学生席上,才确信她不是在开玩笑。我们一个个奋笔疾书,认真细致地预习了一番之后,争先恐后地喊:

"我——我——我。"之后,老师叫了班级的才女——小诗上去当小老师,而自己当成学生认真地听着课,详细地做着笔记,然后像个好学的学生一样不断地提出问题。我们可真是大开眼界呀,原来好问的学生是这样的,"学问学问,不懂就问"原来就是这样子的呀!谦虚的老师让我们有了展示自己才华的机会。

非常之二:关爱

"六一"儿童节时,为了让我们度过一个属于自己的难忘节日,林老师几乎每天都在思索怎样才能让节目表演得好。为了让我们班更多的同学可以有上台的机会,她可是用心良苦呀!

林老师经过再三考虑后,为我们班排了一个朗诵的节目,这让我们班上台表演的人数达到四十八人,在全校有这么多人能同台表演的节目可真是屈指可数呀!我这个平日里有点儿"吊儿郎当"的家伙,在别的班,可能连"跑龙套"都轮不着我,可在我们班,林老师也帮我留了个位置,我很荣幸地上场了。

这难道不是林老师的一片苦心吗?再说了,台上三分钟,台下十年功啊!为了我们在台上的精彩表演,老师一会儿关注朗诵,一会儿指导扇舞,一会儿又亲自示范挥旗……在老师的辛苦排练下,我们那本只要"动动口"的集体朗诵竟然花样繁多，获得观众们的一致好评。而林老师的脸上露出了疲惫的微笑。

这位"非常"老师常常用她那"非常"的爱给我们带来"非比寻常"的收获。

我的老师妈妈

陈君钊

虽然我还只是个小学四年级的学生，但从幼儿园到现在已经接触到十几个老师了，有的老师已被我渐渐淡忘，唯独一位老师像妈妈一样居住在我内心深处，她就是我的语文老师——黄老师。

黄老师不是特别美丽，身上却有一种独特的气质，是学校全体同学公认最温柔、最敬业的老师。她自身也是一个妈妈，却把班级里的每一位小朋友当成自己的孩子。

黄老师的女儿就在隔壁班读书。有一次，她女儿来到我们班，黄老师叫她马上回到自己的班级。她女儿不愿走，黄老师二话没说，硬把她拉回隔壁班，这时，耳边只有她女儿响彻云霄的哭声，傻傻的我们却误以为老师太"冷酷"了。

别看黄老师这样对自己的孩子，她对自己的学生却非常和蔼可亲，从来不打骂我们。记得小时候，我是个极为内向的孩子，每次妈妈送我到教室门口，我都哭闹着不进去。这时候，黄老师总会走过来，亲切地拉着我的小手，或到二楼走廊观看画展，或带我到健身区玩一会儿再带我回教室。我们是寄宿制学校，每次吃饭的时候，黄老师总是不停地给我们这群"小鸭子"夹菜；中午睡觉时，很多小朋友吵着不睡，老师或是给我们讲故事，或是唱催眠曲给我们听……渐渐地，我喜欢上黄老师，喜欢上校园，更喜欢上语文课。年复一年，在黄老师的悉心呵护和鼓励下，我已经由一个拘谨小男生变成一个阳光男孩儿。

业余时间，黄老师爱看书，也爱写文章，几乎每个星期我们都能在报刊、杂志上读到她的作品，拜读她的文章成为我们班同学最大的骄傲。每次自修时，她总是和我们一起看书，在她的影响下，我们班同学都喜欢看书、写作。老师会利用自己的休息时间把同学们写得好的作品打印出来寄去投稿，每次看到学生的作品发表，黄老师脸上总是绽放出灿烂的笑容！我也在省、市级报刊上发表过几篇文章，这一切都得归功于黄老师。

黄老师不仅要给我们上课，还要照顾我们的生活，自己要写文章，帮同学们改习作并打印，加上要辅导学生，过度的操劳，使黄老师头上过早地生出白发。每次看着她头上的丝丝白发，我都在心里暗暗下决心：长大要当一名出色的医生，研究出一种药，能使黄老师的白发变黑。

已经一个月没见到黄老师了，真想念她上课时风趣的话语，想念她关心同学时妈妈一样的表情，想念她一切的一切！好想对黄老师说："老师，我很想您！"

家有"撒谎"爷爷

王旭坤

在我很小的时候,由于爸爸妈妈都要工作,我又特别"皮",总不喜欢睡觉,于是,每次睡觉我多半是在爷爷的肩头上睡着的。不知不觉中我在爷爷的呵护下成长起来。爷爷已经一头白发,脸和手显得特别粗糙。爷爷有一个特点,就是爱"撒谎"。

有一次天下起了大雨,那个时候我们学校刚刚放学。我见到那瓢泼的大雨,心想:"完了,雨这么大,爷爷肯定来不了了。"我心里特别着急,想着爷爷一到下雨腰就会疼,如果我不在的话,爷爷不知道怎么熬过来呢;想着下了这么大的雨我该怎么回家呢?正当我手足无措的时候,"坤坤。"一个熟悉的声音传来,原来是爷爷来了。我大声喊道:"爷爷,您怎么来了?您一到下雨天腰就会犯病,我自己想办法回去就行了。"也许是雨太大了淹没了我的话，爷爷来到我跟前说："坤坤，走吧。"说完便带着我走出校门回家了。一路上，爷爷把雨伞往我这里伸，自己却被雨淋得满身是水。我说："爷爷，您自己也要遮雨啊，不然您会生病的！""这点儿小雨算什么，想当年我和战友一起去打敌人的时候，那才叫困难重重呀，成天泡在雨里都没事呢！"爷爷说完，便勉强地向我笑了笑。看，爷爷说谎了吧。

　　还有一次，爷爷看了我的期末考试试卷，感觉十分满意，于是就做了我最喜欢吃的糖醋排骨，而自己却埋头吃着别的东西。我以为爷爷有什么好东西不拿出来分给我吃，自己在偷偷地吃着。我探头一看，爷爷正吃着昨天的剩菜。我哽咽地说："爷爷，你为什么不吃糖醋排骨呢？"爷爷笑着说道："傻孩子，爷爷老了，排骨太硬，咬不动了，我还是喜欢吃这个。"你看，爷爷又撒谎了吧。

　　我喜欢爷爷，还喜欢爷爷的"谎言"，因为在谎言的背后有爷爷对我深深的爱。我为有这样的爷爷感到十分幸福与自豪。

我的外公"不漏汤"

潘诗烨

> 随着社会的发展,人们的享受欲望也越来越强烈。可成由勤俭,败由奢!我们要好好学学勤俭的美德。
>
> ——题记

我的外公,高高的个子,黑黝黝的脸上刻着道道皱纹,虽然他已六十多岁了,人们还开玩笑地说他壮实得像头牛。外公有个雅号叫"不漏汤",听说这来自一句歇后语:皮笊篱捞饭——不漏汤。因为外公从小家境贫寒,作为长子,他要承担起抚养弟弟妹妹的重任。这个"不漏汤"的习惯就是这样养成的。外公的"不漏汤"主要表现在勤和俭上。

先说说外公的勤。外公虽然年过花甲,可每天他都要早早起床下地干活。盛夏烈日，大家都躲在屋里歇息，他不是在田里干活，就是去喂家里养的牛蛙。外婆劝他歇会儿，他总是笑呵呵地说："不用，歇的时间多了，这肚子就会大起来。"去年秋天的一个夜晚，月光如水，照在地上如同白昼，外公以为天亮了，翻身披衣下床。等他去割了一担草回来要喂牛的时候，外婆还在床上睡觉，原来时间还很早。外婆又生气又心疼。外公还是笑呵呵地说："跑跑路，人结实。识字人都说'生命在于运动'嘛！"

说完外公的勤，再说外公的俭。外公家庄稼的产量总是会比别人家的高，年年不愁吃，还有结余供我家、大姨家、舅舅家，可他仍然惜粮如金。我们学校每天开饭后，食堂里总会留下一些或大或小的馒头块。他发觉后，就天天背着箩筐捡回去喂猪。有些人捡这些"小便宜"，总认为不花钱，巴不得那些小孩子们多扔一些，可外公从来不这样，有时，他碰到有些同学乱扔饭菜，就会拉住他们教育一通，还要让他背诵"锄禾日当午"哩！你瞧瞧外公这个人就是这样，他的节俭，不光为自己，这是他保留了几十年的好品德。

在物质生活日益丰富的今天，"不漏汤"正是我们应该弘扬的一种精神！

家有"节约"奶奶

王冰莹

"乖孙子,快把电灯关了,太阳还没下山呢!""孙子,电视你都没看,还是关了吧!""莹莹啊!别扔,那个易拉罐可以卖!""小冰……"奶奶那一声声叮咛时刻环绕在我耳边,她似乎专门跟我作对似的,成天盯着我的一举一动,我都快成犯人了,真是烦死了……

"奶奶,你烦不烦啊,还让不让人活啦!人家现在的孩子都是家里的宝贝,谁还像我这样成天这也不许,那也不许的呀!家里又不用您去挣钱,再说我们家又不缺那几个钱,您操那份闲心干吗?何必老盯着我不放呢?"我本想说"您都快成'吝啬鬼'"了,但我还是咽了回去,听了我的数落,奶奶那张满是皱纹的脸颤动了一下,我正在得意,以为奶奶那老脑筋终于"开窍"了,明白现在是二十一世纪了,不是以前他们生活的那个"缺衣少粮"的年代了，可没想到的是奶奶无可奈何地叹了口气，走进了自己的房间——奶奶生气了。你们可别小瞧我奶奶，她人老，脾气可没老呢，不过我可没想那么多，这样我倒落个清闲。

"吃饭了……"闻到饭香，我迫不及待地招呼大家，可是就是没人搭理我。我正觉得奇怪，往常应该又听到奶奶唠叨："孙子，小声点儿，不要制造噪音了……"而今天，这气氛怎么有点儿不对，难道是我中午的"当头棒喝"见效了……可没想到迎接我的是爸爸妈妈的一脸怒气，真是弄得我丈二和尚摸不着头脑。我站在那儿呆若木鸡，就这样僵持了几秒钟，好动的我终于憋不住了，忍不住问道："您二位怎么了，饭不吃了？"爸爸生气地说："你没看见少谁了吗？"我这才想起没见着奶奶。"我这就叫去。""还叫什么，奶奶连我都不理，你怎么惹奶奶生气的？"爸爸异常生气。"我……我也没怎么，只不过让她不用那么'吝啬'，大方点儿，我们家现在又不缺那点儿钱……""你啊，你……你以为奶奶是舍不得那点儿钱吗？傻丫头，奶奶是在教你做人啊！你想想，像你这样浪费，我们中国人那么多，那么一年要损失多少资源啊，这些资源不久就要让我们败光啊，再不节约的话，限电的滋味你也尝试过了，那样灰色的日子好过吗？再看看爸爸今天为了给车加油，排了多长时间的队，你知道吗？凡此种种都在警告我们人类，再不节约能源，到时我们人类将靠什么生存啊？"

听完爸爸这一席话，我不禁大吃一惊，想不到这么几句话，却隐藏着如此深刻的道理。我呀我，真不应该还做什么"纠察队员"，平时还把"以勤俭节约为荣，以骄奢淫逸为耻"背得滚瓜烂熟，可应用在生活中，却把它抛到九霄云外去了……想到这儿，我的脸上一阵滚烫，难怪有人说："家有二老，胜似二宝啊！"我兴冲冲地喊道："奶奶，我懂了，以后我也要学您……"

让梦想插上智慧的翅膀

难忘"雨中情"

陈梓璇

每当看到那红艳艳的水蜜桃时,我的思绪不禁飞回到了暑假,那个细雨霏霏的早晨……

暑假里,整个天空布满了阴云,连绵不断地下雨。这雨虽然给庄稼带来了丰收的希望,但是也给人们的出行带来了许多不便,真是让人欢喜让人忧呀!

这天,从乡下的外婆家回来,我打着伞,漫步在雨幕之中。水淋淋的马路像一条闪光的绸带。我正想入非非的时候,一位年过六旬的老伯跟我擦肩而过。他挑着沉甸甸的两筐水蜜桃,一颠一颠地走着,身体十分单薄,好像一阵风就可以把他吹倒。也许是心急,也许是连绵的阴雨让路变得十分湿滑,在马路拐弯处,只见他脚底一滑,身子一歪,倒在了路边。我吓了一跳,心想:这大伯年纪不小了,又挑着重担,这一摔可能不轻吧!他要摔伤了,那担桃子怎么办？会不会有人来抢他的桃……我不敢再往下想了，只见那两个筐翻倒在马路上，又大又红的桃子在湿漉漉的路面上蹦着跳着，滚得满地都是。

老伯倒在马路边怎么也爬不起来了，嘴里不住地喊着："桃，我的桃……"就在这时，一位年轻的叔叔走过来，一边听着行人七嘴八舌地议论着，一边扶起老伯。只见老伯脸色苍白，双目紧闭，左颊上还有一道刚刚被划破的口子，伤口不断地流着血。叔叔从衣兜里掏出一块干净、洁白的手帕擦去老伯脸上的污水，然后背起老伯向医院奔去。

行人们被叔叔的一举一动感染了，自发地捡着散在地上的蜜桃，马路上顿时热闹起来，我也赶紧加入到捡桃的行列中去。不一会儿，那位叔叔又回来了，我猜测他一定是来帮着收拾桃子的。果然，不出我的所料，他捡起一个，便用手帕擦干净，做得那么认真，那么仔细。桃回到了筐内，闪着亮晶晶的光芒。叔叔挑起两筐蜜桃大步流星地向医院走去。

这一切，发生得这样突然，又结束得这样迅速。望着叔叔那渐渐远去的背影，我的敬佩之情油然而生。细雨仍在飘飘洒洒……这不正是我苦苦寻找的敬老故事吗？我赶紧提起笔把这一切记录下来。

关爱老人，从身边小事做起

黄鑫玥

尊老爱幼是我们中华民族的传统美德，可身为少先队员的我，却从没做过一件帮助老人的事。今天，终于也有一件让我"引以为傲"的事了。

我学完舞蹈，刚一下课，便迫不及待地拧开饮料瓶，开始喝起来，恨不得一饮而尽，好浇灭我的心头之火。

望着饮料瓶里那所剩无几的液体，我心中突然冒出了一个疑问：喝完要把瓶子扔哪儿呢？周围又没有垃圾桶，随便扔又会污染环境。这时，我看到一位老婆婆拎着一个破烂不堪的蛇皮袋，向路人们索要手中的空瓶子，可这些衣着华丽的路人根本不理会这位衣衫褴褛的老婆婆，自顾自地慢悠悠地喝着，有的阿姨还捂着鼻子跑开了；有的直接把饮料瓶随手往地上一丢；有的更是可恶，自顾自地把空瓶扔进了旁边的草丛里，然后昂着头傲慢地走了。可老婆婆像捡到宝似的，默默地走到草丛边，小心翼翼地捡起空瓶子，嘴角露出一丝为生活所迫的无奈的苦笑。突然，她向我走过来了，指着我手里的饮料瓶，欲言又止。我明白了她的意思，忙把饮料瓶里的饮料全灌进了肚里，双手递给了她。老人家颤抖地接过我递过去的瓶子，用她那嘶哑的声音说："乖孩子，谢谢你！"便又步履蹒跚地向垃圾堆走去。

这样的老人生活可真不容易，她们的需求其实很简单，多么容易满足的老人呀，我们无须做太多，只要多给她们一点儿尊重与关爱。尊敬老人，从身边的点滴小事做起！

那群最可爱的人

戴冰滢

时间如穿梭一般,转眼间,四天的军训生活结束了。在这四天的军训中,酸、甜、苦、辣的味道我都尝了个遍。

"起立——"教官"可恶"的口令响起,又要进行"地狱"式的训练了。烈日下,我们纹丝不动,如同一座座雕像。我就像吃了辣椒一样,浑身发热。半小时的军姿,仿佛时间定住了一般,才两分钟,我的双腿就开始颤抖,汗不停地流着,一直从我的头上往外冒,然后又沿着脖子往下流,那滋味可真难受,就像有千万条虫子在我的身上爬行。我恨不得马上把它擦掉。我多么渴望有一阵风向我们吹来。可是,风姑娘像是故意考验我们一般,连一丝风也没有。半小时苦苦的煎熬后,终于盼到教官喊"踏步"的口令了。哎,这半小时真是难过!军训真苦呀!

训练完，我洗完澡后，躺在床上，全身的肌肉酸软，特别难受。

一天中午，教官教我们唱《团结就是力量》。这首歌唱得真好，"团结就是力量。这力量是铁，这力量是钢，比铁还硬，比钢还强。"在军训过程中，如果缺乏了团队精神，效果就会大打折扣。现在的社会，竞争残酷。就像我们平时打扫教室的时候，如果只靠一个人的力量，教室要打扫很久，还很有可能扫不干净，而如果我们几个值日生团结合作，齐心协力就能更快地把教室打扫干净。

睡觉时，我闭着眼睛，泪水顺着眼角流进嘴里，泪是甜的！我曾经想过放弃，但是同学们都做得到，难道我就做不到吗？我想到了李白的"只要功夫深，铁杵磨成针"。我相信只要我再勇敢一点儿，我就能像别人一样坚持下去。

好不容易挨到了第四天，我们把这四天的军训成果表演给父母看。功夫不负有心人，我获得了"优秀小军人"的称号，真兴奋。军训虽然苦，但苦中也有乐。

军训虽然只有短短的四天，我们却宛如脱胎换骨一般，这和教官们严格的训练是分不开的，我们这样的训练又怎能和解放军叔叔们的训练相提并论呢？想着想着，我的心中不由得升起了敬佩之情。想着想着，刘胡兰，邱少云，董存瑞，黄继光，狼牙山五壮士……一个个伟大的人民子弟兵纷纷走进我的视线，正是由于他们心中的爱国情怀,正是他们不畏艰难险阻,才有如此之多可歌可泣的故事,解放军叔叔、阿姨们,你们是最可爱的人,我要向你们学习。

人民子弟兵——我们最可爱的人

黄明锋

谁是最可爱的人？也许你会说是"喜羊羊"，也可能会说是你的爸爸或妈妈。可是，我却要说："那些在抗洪抢险、抗震救灾第一线的解放军叔叔们是最可爱的人！"你心里可能在默默地想：是那些"阿兵哥"吗？他们看起来很平凡，既看不出他们有什么高深的知识，又看不出他们有什么丰富的感情。而我却不这么认为，这几天我都在被他们的事迹深深地感动着。

难以忘记2008年5月12日下午14时28分04秒，在中国四川汶川地区发生了里氏8.0级地震，在那一瞬间，每一个中国人的心都跟着震撼。

灾情就是命令，一场突如其来的强烈地震，让人触目惊心。山崩地裂中，人民子弟兵迎难而上，地震发生后不到半个小时，他们就已紧急调集兵力，全力支援灾区。一架架军用运输机星夜起航，一辆辆军用车昼夜兼程，一支支精锐之师走上了抗震救灾的战场。

道路断了，山塌了，河道堵塞了，但它断不了人民子弟兵进入灾区的决心，他们弃车步行，在与时间和死神赛跑，因为他们明白，早一分钟到达，就可能多救一条生命。温总理来了，人民子弟兵来了，灾区的人民像看到了救星一样，他们脸上带着痛苦和悲伤，又充满了对人民子弟兵的信任、期盼和感激。

子弟兵进入灾区后，立即展开了救援，他们在缺乏大型工具时，就用手挖，他们磨破了手指也不休息，因为，他们知道时间就是生命，一双双渴望生命的眼睛，一声声微弱的呼救，都在召唤他们。

一位某团参谋长，主动请求深入灾区救援，他带上两百名官兵，冒着余震危险翻山越岭，行程九十公里，花了二十一个小时才进入灾区，进入灾区后马上展开救援，让人感到由衷的敬佩。还有某团的十五名伞兵，冒着生命危险从五千米高空跳到震灾中心，步行二百二十公里，搜寻了七个乡，五十五个村庄，为空投物资创造了最佳时机。还有一位消防官兵坚持救援，战友硬把他从第一线上拉下时，他哭着大声喊出了穿透灵魂，穿透时空的一句话："我知道危险，我可能进去了就再也出不来了，但是求求你们再让我救一个吧，我还能再救一个。"这些人多么可爱啊！他们就是我们的人民子弟兵。在这场没有硝烟的战争中，可歌可泣的故事每时每刻都在发生，多得举不胜举。

战争是与敌人较劲儿，抗灾是与自己较劲儿，这不是一场战争，却胜似一场战争。在这场战争中，他们的对手是钢筋、水泥，是时间，是死神，每一位救援战士，无论是士兵、参谋长还是将军，他们唯一的制胜之道是：不怕牺牲地奉献，不抛弃，不放弃，有一线希望就要花百倍努力，哪里最脏，哪里最累，哪里最危险，哪里就有我们的人民子弟兵。他们是最可爱的人，他们将永远被载入史册。

卖麻花的老人

王欣桐

"卖麻花了,卖麻花了……"又是这该死的叫卖声打破了我的美梦,不用说,现在是刚到六点,离我该起床的时间还有半小时。我不禁用被子盖住耳朵,可这该死的声音依然那么刺耳。不知怎么回事,就在最近,我们这儿来了一个卖麻花的老爷爷,他每天六点的时候就开始叫卖了,无论是平时,还是周末;无论是晴天,还是刮风下雨,雷打不动。然而直到有一天,我对这个卖麻花的老爷爷的看法,一下子改变了。

那是一个很晴朗的星期天的早晨,我拿了点儿零钱,走出家门,嘿,好晴朗的天,天空一碧如洗,阳光灿烂,我的心一下子也开朗起来。我顺着叫卖声找寻那位卖麻花的老人,远远就看见一个老人被一大群孩子围着。我赶忙紧走几步,走近一看,心中不由得有些吃惊,我想象的卖麻花的老人是一个全身沾满油污，看起来邋遢的人，没想到眼前的这位老人穿着一件洗得发白的旧军装，板正洁净，显得干练而精神。我暗暗产生了几分好感，递过手中的零钱，说："给我来两个。"老人一手接过钱，另一只手拿起一双筷子和一只方便袋，夹出两个麻花放到袋子里，温和地说："小心，拿好。"我接过来，拿出一个，咬了一口，真是又香又脆，口感极佳。

谁知刚走了几步就被老人叫住了，我的心不由得"咯噔"一下，心想我不是刚付过钱吗？怎么，想讹我？我心中刚升起的对他的好感一下子荡然无存了，我愤怒地转过身，刚想发作，谁知这位老人拿了一张折得只剩下一个小长方形的钱递给我，这时我才恍然大悟，原来老人看到我钱掉了，特地还我钱的。想起自己刚才的念头，我的脸红一阵白一阵，不知怎么办才好。我正愣着，老人又继续吆喝着："卖麻花喽，卖麻花喽……"头也不回地走了。

望着老人越来越远的背影，我对他产生了无比的敬意，我的心中也不禁感慨万分：平时所接触的小商小贩们，他们大多以次充好，以少充多，欺骗顾客，人与人之间哪有什么诚信！今天，这个老人为我上了生动的一课，人间需要诚信，更要爱惜诚信！

一个难忘的人

黄森毅

今天下午我家请了一个擦玻璃的师傅,他穿着脏兮兮的大红色羽绒服,进门就脱下来放在地上,里边穿着宽松的蓝色旧工作服,看起来五十岁的模样,后来知道他也只是三十出头。他带来一个塑料桶,里边装着一堆抹布和刮板,反正都是些乱七八糟的东西。爸爸指给他看家里需要擦的窗户,他说比楼下的王阿姨家多一个落地窗,要加钱,得一百六十元,经过讨价还价,最后定了一百五十元。接着,他就开始热火朝天地干起来。

他提着水桶,搬着凳子,先来到我的卧室,只见他拿起抹布,擎着胳膊,一会儿就在窗户上挥舞出一片明亮和洁净。看他虽是一副年迈的样子,干起活来却毫不含糊。而且擦完玻璃后,连窗台和窗框也都抹得干干净净,这在以前都得完事后爸爸妈妈自己收拾。他擦完一遍就让爸爸看干不干净,哪怕发现有一点点遗漏,都要再擦一遍,这得多费时间啊,半个小时过去了,才擦完一个小窗,额头却已经浸满了汗水。于是,爸爸递给他一杯茶,让他歇会儿,他说得抓紧干,怕一下午干不利索。

今天是小年,家家放鞭炮,吃饺子。很快两个小时过去了,外面也陆续响起了鞭炮声。可还有阳台的一大片玻璃没擦完。突然他的手机响了,原来是他女儿打来的。我断断续续地听见他对女儿说:"爸爸在外面擦玻璃呢……你和妈妈先吃吧……"他放下手机又加紧干,天也渐渐黑了下来。爸爸看他擦得差不多了,就说:"行了,大哥,快回去吧。"他却说:"有的地方还不干净,阳台也没收拾,要不我明天再来一趟吧。"听他这么一说,爸爸赶忙把他拉进屋,说:"已经很好了,阳台我们自己收拾。"他好像有些过意不去,一脸憨憨的表情。此时此刻,我忽然觉得他很了不起。

目送着那位叔叔远去,他做事认真负责的态度,让我难忘。

修车老人

王雨彤

　　在我们家附近,有一位修自行车的老人。提起他,无人不知,大家都会竖起大拇指,夸他技艺精湛,说他是一个修车的行家。

　　老人在路边搭了个帐篷,就居住在那儿,全部家产就只有修自行车的工具和几件破旧的衣物。他瘦得皮包骨头,衣服有些发黄,这平凡又似乎不平凡的外貌给我留下了很深的印象。每次上学放学,我都看见那块写着"单车修理"字样的牌子旁,总有等候修车的人。

　　有一天,我的自行车坏了,轮胎被钉子扎了个洞,车身也被刮得"遍体鳞伤"。我立刻想到在路边摆摊的老人,便推着车子向老人奔去。我上气不接下气地跟老人说了我的要求。老人对我笑笑,说:"别急,慢慢来。"接着,老人迅速地检查车子,幽默地说:"伤得不轻啊。"

说完，他将轮胎拆下来，用一样不知名的工具对扎破的地方进行打磨，再抹上胶水，打上补丁。把原来漏气的地方放在水里测试，确保不再漏气后，老人把轮胎安好，充满气。然后又很有耐心地将车身刮伤的地方用一张砂纸磨平，直到很难发现刮痕为止。最后从身后拿出几个喷筒，将刮去色的地方喷上颜色。我站在那儿，看着老人的动作出了神，那敏捷的拆装动作，仔细地磨与喷，使这部"破车"在他的手中改变了模样。"大功告成！"老人说道。

当他将这焕然一新的自行车交给我时，我高兴极了。它又可以载着我奔驰了，而这代价仅仅是五元钱！当我接过自行车的时候，直向老人道谢，一股敬意油然而生。

世界上最可敬的人，就是那些能够化腐朽为神奇的人。他们以自己的劳动进行着美好的创造。

美丽的女孩儿

黄 涵

美丽的女孩儿,虽然我不知道你姓什么,但你给我留下的印象实在是太深太深了,每当我回想起那件事,就忍不住热泪盈眶。

那是一个夏天的清晨,湛蓝的天空突然变得阴沉沉的,顷刻间,下起了瓢泼大雨。此时,我刚吃过早饭,就忙打起伞,踏上通往学校的泥巴路。

大雨不停地下着,泥巴路又湿又滑,每走一步我都很紧张,唯恐一不小心摔倒在地。就在此时,一个女孩儿一瘸一拐的身影忽然跃入了我的眼帘,在我眼前一晃一晃的,我突然萌生出一种想超过她的想法。于是,我慢慢地加快了脚步,渐渐地近了,又近了,看到前面的她举步艰难,我心里不禁想:啊!她腿有残疾,真可怜!

正想着,我离她只有几步远了,我正准备再次加快脚步时，突然，她身子一斜，右脚向前一滑，侧身倒在了地上。我顿时一愣，停住了脚步，不知所措地站在那儿，看着她一身的污泥，此时的我真不知道该怎么办了。算了，不管她，我还是走吧！可我刚走了一步，腿又缩了回来。那是多么让人痛心的场面啊！一个身有残疾的女同学摔倒在我的面前，而我却呆呆地站着。想扶，不行，男女有别；想走，心中又不忍。最后，我终于做出了一个艰难的决定——赶紧走。

我不知道她是怎么爬起来的，当我回过头的时候，她已经站了起来，双手沾满了烂泥，脸上露出了痛苦的表情。真的，我当时心里有一种说不出来的难受。

也许是我只顾看着她，也许是路面太滑，我还没走几步，一不留神，脚底一滑，我也重重地摔倒在了地上。我心想，这一定是老天对我的惩罚。我刚想从又脏又臭的污泥里爬起来，她却出现在了我的面前，伸出自己柔弱的手想拉我起来。看着她脸上露出的微笑，我的脸却像被火烧了一样热了起来。此时，我发现了她的美，她是这世上最美的人。可我却不知道用什么词语来形容。

美丽的女孩儿，这件事虽过去了很久，但你那柔弱的手和充满爱心的笑容令我永远也忘不了。

让梦想插上智慧的翅膀

周巧玲

每个人都有自己的梦想,童年的梦想五彩斑斓。

孩提时,当我看到小鸟拍着翅膀自由自在地飞翔,就希望自己也能有一对美丽的翅膀,在蓝蓝的天空中飞翔,向彩霞姐姐要来红艳艳的色彩,向星星哥哥要来闪闪的银光;当我看到小鱼儿摆动着鱼鳍自由自在地游来游去时,就企盼自己也能有漂亮的鱼鳍,在神秘的水晶宫中嬉戏,向乌龟爷爷请教长寿的秘诀,向河蚌奶奶索取耀眼的珍珠……

上学后,我懂得了梦想是人生航船的风帆,是照亮人生旅程的火炬!当我看到电视荧屏上节目主持人声情并茂地讲述着一个个妙趣横生的故事,或启迪心灵,或发人深省,或催人奋进,就梦想着自己也能够成为一名优秀的节目主持人;当我看到企业家、银行家为国家的经济腾飞发挥巨大作用时，就梦想着自己也能够成为金融界的知名人士；当我看到中国载人航天飞行取得圆满成功时，我又梦想自己能够成为一名杰出的宇航员，去探索宇宙的奥秘；当看到北京申奥成功时，我又梦想自己也能够成为一名叱咤风云的体坛健将，在赛场上为国争光……

现在，我更懂得，梦想是脚踏实地一步一个脚印走出来的——有了梦想，还必须有智慧，有智慧才能有创新……只有让梦想插上智慧的翅膀，梦想才能成为现实。而智慧来自勤奋，"学海无涯苦作舟"说的就是这个道理。有人曾对爱迪生说："你是天才！"但爱迪生对他说："天才是百分之一的灵感加上百分之九十九的汗水！"爱迪生这样伟大的天才，也是从勤奋中走出来的啊！

那么，身为一名小学生，怎样才能插上智慧的翅膀呢？

"花有重开日，人无再少年"，"千里之行，始于足下"，我只有从现在开始，抓住人生最美好的时光，从一件件小事做起，才能把自己培养成一个全面发展的优秀少年，为将来实现自己的梦想打下一个坚实的基础，为梦想的腾飞准备好一对翅膀……

用我们的实际行动，让梦想插上智慧的翅膀，翱翔于灿烂的明天吧！

我想成为"糖果大王"

戴晶晶

我打小就特别喜欢吃糖,所以姐姐给我起了一个外号——"糖果大王"。每当我吃糖的时候,妈妈总是在一旁一边唠叨,一边劝阻说:"别吃太多,小心会长蛀牙的。"可我实在忍不住。

于是我想成为一名"糖果大王",我要在世界各地办工厂、开公司,制造各种各样好吃的糖果,造福全世界和我一样的孩子。我制造出的糖有特殊功能,能防止蛀牙,让口气清新,连患糖尿病的人也不用担心糖分过多而放心大胆地品尝。

我要我的糖果公司每天制造层出不穷的新产品。例如魔幻巧克力奶糖,这种糖又香又浓,放在冰箱里就能变成巧克力冰激凌,含在嘴里又变成了巧克力奶茶。糖果的品种还有许多许多:魔法奇幻糖、牛奶棉花棒、巧克力蹦蹦糖……任你随意挑选，细细品尝，保证让你满意又喜欢。要是把公司的品种都讲完，那可是三天三夜都不够的。

我还要建造一座大大的宫殿，天空中飘着棉花糖做的白云，脚下踩着巧克力智慧糖做成的地毯，扶着用香橙魔法棒搭成的栏杆。你不用担心栏杆会摇晃、倒塌，因为我们制造它的时候采用了特殊材料，安全系数绝对高。草坪上盛开着水果奇利糖，一条天山雪纯牛奶小溪正慢慢地流向远方，水上还有十座大小不一、形状奇特的亭子。每个亭子里都放着最新出品的糖果，它们的味道都棒极了。

希望我这个"糖果大王"给大家带来更多的欢乐！

我想当个"啃书王"

潘妮妮

我的理想是当一名大科学家,研究出许许多多有利于人类的东西。

现在,我就已经开始为了我的理想而努力了!我经常翻阅家里的科普类书籍,正所谓"书籍是人类进步的阶梯",因此,家里的百科全书上到处都可以看到我辛勤的"足迹",连《十万个为什么》也被我用短短的时间"啃"了个精光。很快,家里的科普书便都已经被我翻了个遍。

妈妈一看,照这样的速度,家里的书是顶不了多久的,赶忙向图书馆"求助"。就这样,图书馆的书便源源不断地运了进来,很快又运了出去。每本书来的时候都得意扬扬地想着:"嘿嘿,我肯定能当'啃书王'!"

随着年龄的增长,阅读量也大大增加。当然,我的知识也成正比地增加,就像一个扁扁的小气球,被人越吹越大,最终变成了一个大气球。

  为了增加我的实践经验,我还按照书上所说的,做了一个又一个简单、有趣但又富有科学原理的小实验,例如:会跳舞的蜡烛,防爆气球,在水中也能燃烧的蜡烛,一指如千斤……这些精彩的实验不光为我带来了很多欢乐,而且让我明白了一个又一个的科学道理。

  说到这里,大家可能会问:"你为什么要读这么多书,做这么多试验呢?"

  因为我知道,科学家并不是嘴上说说就能当上的,而是要从小就努力,这样才能当上一名伟大的科学家!

我们换了个"小"老师

黄志钦

令人回味的暑假生活结束了,怀着对新学期的憧憬,我们又回到了校园。

我暗自庆幸早先一步得知消息:这一学期要换新老师了!这一消息像一记闷雷一般震得我有点儿发蒙,我们的班主任老师教了我们四年,我已经习惯了她的教学方式,也深深地喜欢上了她。突然听说要换老师,我好像一下子丢了主心骨,不知该怎样去面对,也害怕好不容易才得来的那些"头衔"都化为乌有,一切从头再来。愁也没用呀,正所谓"兵来将挡,水来土掩","塞翁失马,焉知非福"呀!

这一晚上,翻来覆去怎么也睡不踏实。第二天一大早就醒来了,飞快地洗漱完毕后,我便飞一样地奔向校园,来到熟悉又有些陌生的校园,我习惯性地来到了二楼我们的教室，可刚要跨进教室的大门，竟然发现里面的同学我一个也不认识，难道我走错了，脑子一转，对了，我现在不是四年级而是五年级了。我赶紧冲上三楼，寻找我们的教室，"哈，找到了！"抬手看看表，才七点三十分，这么早，老师肯定还没到，我刚要迈进教室，讲台上已经有一个身穿粉色裙子的"学生"，可我想不出我们班有这样的人物呀，可不是学生，怎么有这么"娇小"的老师……不猜了，既来之，则安之，先进去再说。

真是人不可貌相。那个"学生"就是我们的新老师。我有点儿不屑，心想：她能成为我们的老师吗？她能教得好吗？可我分明听说这个新老师很有才，是学校有名的才女，不但自己有很多作品发表，她指导的很多学生的作品也纷纷上报，上杂志了呢！

就在我不停地遐想时，老师已经开始授课了，她那一直挂在脸上的笑容竟然没有被人们所说的"新官上任三把火"淹没。这位"小"老师的嘴巴像是抹了蜜一般深深地把同学们吸引了。她讲课风趣又可爱。原本紧张、害怕的同学们都在一脸陶醉地听老师那幽默的授课。

开学第一天就这样在期待、希望与幸福中悄悄地过去了。

同桌"修理铺"开张

苏韵涵

四年一班,不仅是我们学习的乐园,也是工作的"天堂",这里不但有主持人、歌唱家,还有修理师。修理师,这是最近我挖掘出来的本班的"新职业",而这个职业的首席专家则是我的"呆侠"同桌——小宇。

很早以前,我就发觉他这个人特别喜欢捣鼓些东西,在修理方面可谓别有天赋呀!每当我的修正带坏了,第一个想到的就是他了,同学们只要有文具损坏,别人束手无策的时候,只要小宇一到,那东西一经他的手,嘿嘿,就跟被施了魔法似的,顷刻之间又能工作了,你说神不?

我天生对修理一窍不通,凡是我的玩具,一经我修理,肯定都不能用了,最后就只能沦落到被丢弃在垃圾桶的命运了。记得第一次与小宇同桌的那天,我正在给他批改阅读作业,不知怎么搞的,我的笔一下子就造反,写不出字来了。我烦躁极了,生气地把它扔了出去。谁知他眼疾手快,一把接住,左拧拧、右甩甩,然后敏捷地把笔拆开来重新进行组装。咦,片刻工夫,那笔竟然神奇般地开始工作了。我几乎傻眼了,顿时对他刮目相看,想不到这位学习上痴痴傻傻、写作业能磨蹭半天的特大号"拖拉机"兼"呆侠"竟然有这么一双巧手!

这不禁又勾起我对那次"钢笔开花"事件的回忆。前一段时间,小宇的一支名贵的钢笔被一个同学不小心摔到地上开了花,笔尖断了一截,而且断头也神秘失踪了。如果是我,早就让这支钢笔"告病还乡"了,但这位"巧手"居然像有特异功能一般,把那钢笔"基因重组",经他这么三下五除二地折腾一番,那支笔竟然持续工作至今,真可谓神乎其神了!

自从这两次事件之后,我就送给他一个"维修专家"的雅号。经过我"三顾茅庐",且凭借"三寸不烂之舌",小宇终于同意"出山",为四年一班的文具维修事业奉献一技之长。于是,一家未经许可、无照经营,即到即修、手到病除的"同桌修理铺"就正式开张啦!有什么让你棘手、让你头疼的文具需要修理,请一定要找"同桌修理铺"。我们的服务不仅热情周到,而且分文不收哦!

一把"令人回味"的雨伞

周斌莹

夏天就像娃娃的脸,说翻脸就翻脸,这不,下午刚到书法班的时候还是晴空万里,没想到写完字时却淅淅沥沥地下起了小雨。我暗自得意:幸好妈妈有先见之明,今天中午硬逼着我带了把折叠伞,瞧!这下可派上用场了,妈妈可真是"女诸葛"呀!

"这该死的天气,早不下晚不下,偏偏在刚刚下课的时候下,这下可遭殃了,我要怎么回家呢?"我扭头一看,哦!原来是和我一起来学习书法的小钊,他正望着那密集的雨帘发愁呢!

一眨眼工夫,雨就像变戏法似的越下越大,雨点儿打在店面玻璃上发出"啪啪"的响声。唉!店面走廊外只剩下我和小钊了。我和小钊是邻居,他爸爸妈妈现在一定在上班,一定不会有人来给他送雨伞的。怎么办?要不和他同打一把伞回家？不行，我可是女生呀！万一在路上给其他同学看见了，还不成为他们的笑柄？记得不久前，我们班的一个女生向男生借了一本课外书，班级的几个调皮鬼还议论了大半天呢，最后气得那个女生哭了好久。

可是……可是如果我不和他一块儿走，那他一定会淋湿的，再说了，老师不是经常说，我们同学之间应该相互帮助吗？我怎么能因为男女之别而不帮助他呢？可是……唉！我两只手紧紧地握住了那把沉重的折叠伞，左右为难，真不知该如何是好。记得以前在幼儿园时，我们可是最铁的好朋友呀！我们一起手拉手去幼儿园。可是现在我们到了四年级，不知哪个调皮鬼对男女同学的事开始指手画脚，弄得我也有些不自然了。

"小钊，你……""我？我没事！我跑得快，肯定比你这个女生先到家，哼！"小钊朝我努了努嘴，拎起书包顶在了头上，冲进了雨中……

看着雨中的小钊，我低头慢慢地打开了折叠伞，也走进了雨中。"啪啪——"雨点儿打在雨伞上，好像在和我诉说着什么，诉说什么呢？

难忘的校园生活

美好的回忆

张雨欣

一段悠扬的琴声令我与小提琴结下了不解之缘。

那是一家音乐店门口,从喇叭里传出的一个个优美的音符令我陶醉,令我痴迷,令我心旷神怡。那是一首小提琴曲,名叫《梁祝》。它的出现令我对小提琴着了迷。

学小提琴的路是十分艰辛的。看似普通的四根琴弦,可要在上面奏出那么多的音符是非常不容易的。我曾把一首刚刚学过的曲子拉得支离破碎,曾为一段高难度的曲子练上一二十遍,也曾为了练习小提琴中的一种拨弦技巧而磨破手指。但我对小提琴的热爱仍是一如既往。我发现,拉小提琴成了我的乐趣,再也不是出于好奇了。每当我的手触摸到小提琴的木质琴杆,那种质感令我有一种莫名的充实感。我热爱小提琴,不仅是由于那优美的旋律,而是它蕴含的内容。每当我听到它们像是在低低私语,不管说什么，都能产生共鸣。

渐渐地，我已经能拉一些高难度的曲子了。小提琴的确是一种绝妙的乐器，无论是欢快的、优美的、悲哀的，还是惆怅的曲子，它都可以表现出来，这令我更加热爱小提琴。它变成了我灵魂中必不可少的一部分，我们用音符传递着思想，每每会意之时，总会彼此心照不宣。我爱《小黑马变奏曲》的欢快活泼，我爱《小骑兵》那行进的步伐，我爱《森吉德马》的寂静与空茫……

如今我才发现，小提琴与我已经连在一起了。它是我的一部分，不论何时何地，我总会想到我这位忠实的好朋友。我喜欢用它拉一首按自己心情编出来的曲子，尽管不伦不类，但这才是真实的。心情不好时，只有它才能伴着我，听我诉说心事，就像一个不会说话的好朋友。真的，小提琴是一位善于倾听的好朋友，不，不仅是朋友，更是知己。

如今的我，仍然喜欢在空闲的时候听一听《梁祝》，那是十分美好的回忆。

艺术就在我们身边

黄凯燕

星期五上午的语文课上，我们举行了"艺术就在我们身边——第八单元课文朗诵欣赏会"。上场表演的有四个小组，分别是第二小组、第四小组、第五小组和第六小组。

首先上场的是我们第四小组，我们表演的是第25课《伯牙绝弦》。伯牙由陈正东饰演，钟子期由魏子淳饰演，道具由黎杰君负责，旁白由王宇君负责。因为王宇君朗诵得很有感情，所以我认为旁白做得最好。我们的动作、神态表演得活灵活现，老师、同学都对此赞不绝口。伯牙与钟子期之间的友谊，是多么深啊！他们互相了解，是真正的知音。

接下来上场的是第五小组，他们表演的是第二十六课《月光曲》。皮鞋匠由马康饰演，盲姑娘由吕齐齐饰演，贝多芬由蔡志航饰演，旁白是林颖。因为林颖朗诵得很有感情，所以我认为旁白做得最好。他们的动作、神态表演得惟妙惟肖，比我们略胜一筹。动听的钢琴声、清幽的月光、微波粼粼的大海……我陶醉了，陶醉在那极富感情的旁白声音中。我想：贝多芬与盲姑娘何尝不是一对知音呢？

最后上场的是第二小组和第六小组，他们分别表演了第二十七课《蒙娜丽莎之约》和第二十八课《我的舞台》。虽然他们的表演都比较好，但是却使我哭笑不得。因为他们是即兴表演，所以大部分都是朗诵。在他们表演的同时，我认识到了艺术的另一种美，这种美就是朗诵的美。

谁说艺术一定是一场高雅的音乐会、一幅昂贵的世界名画呢？我认为，一句幽默的话语、一篇短小的笑话，它们都是艺术，艺术就在我们身边！

"马"到成功

黄永煌

前几年,爸爸从大连买回了一尊铜马,它就摆放在我家大厅的柜子上,虽然柜子里有许多漂亮的工艺品,但我最喜欢的工艺品还是那匹引人注目又威武高大的铜马。

这尊铜制的马,两只眼睛炯炯有神,射出两道闪闪发亮的光。两只小三角形的耳朵机敏地竖着,仿佛随时聆听着周围的动静。身上一排一排的鬃毛,使这尊矫健的铜马驰骋起来的样子更加威武耀眼。令人想不到的是,这匹铜马肥健的身子后面拖着一条棕色的大尾巴,只要轻轻地一甩,就像一道闪电一般在你眼前一晃,真是潇洒极了!前面一只马蹄凌空而起,另一只则微微弯曲,另外两只马蹄用力地使自己的身躯往前奔驰。这驰骋的姿态真是威风凛凛,霸气十足。

每当我看到这尊正在驰骋飞奔的铜马时,就会不由自主地想起马那不服输的品质，就是因为马有这样不怕困难的品格，所以它遇到的困难都能迎刃而解，——克服。

正如唐代著名诗人杜甫所写："所向无空阔，真堪托死生。骁腾有如此，万里可横行。"这两句诗所代表的就是马的意志、品格。所以，每当我看到这尊威武健壮的铜马时，就会努力做到不怕困难，永不退缩，勇往直前，战无不胜。

这尊铜马象征着"勇往直前"，象征着"马到成功"，只要做什么事情都不半途而废、不退缩，就一定能够成功。

这尊铜马一直激励着我，它将陪伴我走过风风雨雨，它将陪伴着我通往成功的彼岸，永不退缩，永不服输。

圆　　梦

李金枝

我们的成长不正像一棵树吗？有时难免会遭受到突如其来的狂风暴雨、雷电。但是树都可以在风雨中坚强地屹立着，在雷击中挺拔着，为什么我们就不可以敞开胸怀，微笑着迎接风雨呢？

我经常陶醉在音乐老师那悠扬的琴声中，"长大后，我就成了你……"这首歌在我心中唱了无数遍，我渴望成为一个像老师那样的"钢琴家"。

我本以为，只要有了钢琴，一坐下来，琴声就会顺着手指流出来，可谁知光是七个音阶就让我整整练了两个月，还让我背那讨厌的"蝌蚪文"，老师一给我上课，就说我没练习，这里不熟，那里手指放错，这里节奏不对……被老师说得简直一无是处，我那不争气的眼泪都快要掉下来了。

这和我预想的压根就不一样，弹琴是那么优雅的事，怎么会这么复杂！我开始打退堂鼓了。晚上，爸爸走进来，对我说道："璐璐，你不想学钢琴吗？""是的！我的水平太差，连三分音符都弹不好。"我无奈地说道。"哦！一个人假如碰到了挫折就退缩，那他还成得了才吗？既然是这样，我也不强求你，是进是退，你看着办吧！"说完，爸爸便走了。

　　经过几年坚持不懈的学习，我学会了许多曲子，《童谣》《梁祝》等，能自弹自唱，还参加过几次演出。

　　不经一番寒彻骨，哪得梅花扑鼻香？我爱钢琴，爱这能陶冶性情的天籁之音。但愿这美妙的琴声伴随着我的成长，丰盈着我的人生。

军训真有趣

苏 莹

太阳公公的顽皮性格也许让天空家族感到惭愧,决定让我们不再经受太阳公公的"考验",让我们不再汗流浃背,让我们不再成为太阳公公的"玩具"。白云妹妹一大早就拦住太阳公公,挡住强烈的阳光,懒洋洋地把阳光洒向地面。

开始军训了,乌云哥哥又怕我们满头大汗,于是连忙把太阳公公想方设法地"支走",接替他的班。又把风婆婆叫来,给我们送来阵阵凉风。

中午起床后,我们坐在床上等教官来教我们叠军被。

"看过来,快一点儿。"六年三班的教官一边喊我们,一边慢慢地叠被子,生怕我们漏了哪个细节。这个教官一边慢慢地叠着被子一边仔细地讲解每一个步骤。我们一个个摩手擦拳,跃跃欲试。我猴急地爬上床,把被子轻轻地张开，一捏一拿，两三下一个"豆腐块"就叠好了。我心里有一种自豪的感觉，急忙问教官可以吗？教官没有说什么，我心想：一定是可以了！我这么聪明又这么认真……我眉开眼笑，都快蹦起来了。同床嘲讽道："好一个自恋狂！"我朝她吐吐舌头。

我们国旗班的教官是个"两面派"，时而谈笑风生，时而严肃苛刻。"高约二十厘米，抬高。""教官，你能试试吗？""可以，你看——"说完，就开始示范。"一，严肃点儿。"他又开始"变脸"了。

"哗——"太阳公公哭了，眼泪如同黄豆"啪啪"往下掉。我们立即冲到走廊，教官帮我们拿水杯。乌云哥哥和白云妹妹赶忙安慰太阳公公，直到口干舌燥他才肯罢休，我们也趁机偷了一下懒，谢谢"捣乱"的太阳公公。

军训生活真有趣呀！

这年的军训"有点儿怪"

阮钧熔

对于往年的军训总有一股想说"爱你不容易"的感觉,既喜欢那种一周可以摆脱作业束缚的自由感,又担忧那烈日煎熬下变成"小非洲"的烦恼。可该来的总是要来,担心也是徒劳。

也许是我的担心让老天发现了,原本奇热的九月突然间变得温柔了,太阳公公这几天格外慈祥,总是柔柔地把阳光洒向大地,那应该是在提醒我们,好好珍惜这段军训的时光。在太阳公公的特别"优待"下,今年的军训也有一股特殊的甜味。

如释重负的甜味

甜味程度:三颗星。

教官把我们带到操场就先来了个下马威，让我们站军姿。一想起以往的成绩，为了博得教官的好印象，也为了延续自己的战果，我立刻站得笔直，像一位高傲的小公主。也许是体重增加了，以致脚的负荷变重，刚过一分钟，我的脚就像被刀扎了一下，没过多久，我就像只斗败的小公鸡，有气无力。我人虽一动不动地站着，可心却早已飞走了，一会儿想教官有多少岁了，一会儿想教官是什么军衔，想得最多的是什么时候休息。过了长达"半个世纪"的二分钟后，终于可以休息了。这时，教官跟我们说，他们每天早上六点半就得起床，要站三个小时的军姿，有一次是从山下往山顶冲，冲了十个小时，中间不能休息，每人只有一壶水……听着教官的诉说，我不由得吐了吐舌头，我们站十分钟军姿就已经累够呛了，更别提三个小时了。跟教官他们辛苦的训练比起来，我们这样的军训真是小意思，想到这，辛苦的军训却让我有点儿甜的收获了。不过，更甜的是军训完回到教室，教官会教我们唱歌，不用面对那一串串枯燥的数字，还有那一个个跳动的"蝌蚪文"。我们可以高声呐喊：今天不用做作业。那感觉才叫酷！一想到这些，一股如释重负的甜味迅速袭卷了全身，感觉军训轻松多了！

沉甸甸的甜味

甜味程度：四颗星。

光阴似箭，转眼间，长达五天的军训告一段落，最激动人心的时刻——会操比赛到了，看了六年级其他班与国旗班的精彩表演，我们刚开始建立起来的自信一下子烟消云散，就在我有点儿丧气时，猛然间想起教官说过："六年三班是最棒的班级。"教官这么信任我们，我们一定不能让教官失望，沮丧又一次被自信打得落荒而逃。终于轮到我们班表演了，我们一个个昂首挺胸，还真像几十个雄赳赳、气昂昂的小军人，一个个动作我们都做得无可挑剔。喊口号时，我们大家都使出了吃奶的劲儿，喊到脖子上青筋暴出，评委老师们个个露出了满意的笑容。工夫不负有心人，我们班得了一等奖，这沉甸甸的甜味，有汗水的味道，是我们整个班级的骄傲。

苦尽甘来的甜味

甜味程度：五颗星。

要宣布优秀小军人了，全场安静极了，同学们都屏住呼吸，我似乎能听到旁边同学的呼吸声也变得急促起来，我的心也"怦怦怦"跳得更起劲儿了……"六年三班优秀小军人有——潘诗滢……"后面是谁我没听清楚,但优秀小军人里的的确确有我,我的战绩又能添上美丽的一笔。此时此刻,我真想高唱:"付出总有回报,要做就做最好……"这种苦尽甘来的甜味,是别人无法体会的。

今年的军训就像一块甘草一样,甜甜的,芳香四溢,回味无穷!

教室里的"打雷声"

黄晓南

在小学六年的生活里,有许多难忘的事。但使我最难忘的,就是那次教室里的"打雷声",因为这件事实在太有趣了。

"丁零零——"清脆的上课铃声响彻校园。语文课开始了,徐老师站在讲台上一手拿粉笔,一手捧书,讲得兴趣正浓,教室里回荡着动听的"女高音"。忽然,我隐约听到一阵"呼噜噜"的响声,好似天边传来的闷雷声。我抬头朝窗外望了望,外面一片晴朗,一丝云也没有。

奇怪,哪来的打雷声?我侧耳细听,忽然明白了,原来是我们班的"大懒虫"陈豆,又开始了他的"打雷行动"。

这时,徐老师停止了讲课,大概也听到了"打雷声"。她抬起头,四处张望,目光终于落在了陈豆身上。

只见陈豆肥嘟嘟的左脸紧贴桌面，眯着双眼，嘴巴微微地一张一合，流出的口水在课桌上淌了一大片，把枕在下面的书本都打湿了。

徐老师的表情顿时"由晴转阴"，她拿着三角尺快速走向陈豆。我真担心徐老师会用三角尺狠狠地砸他，心想：陈豆啊陈豆，这下你撞到枪口上了，看徐老师怎么收拾你！

只听"啪"的一声，徐老师用力地将三角尺敲在陈豆的桌子上。陈豆被惊醒了，他微睁双眼，伸了下懒腰，迷迷糊糊地问："下课了？"

"下课？才刚刚上课！"徐老师生气地说。

他抬头一看是徐老师，不禁打了个冷战，连忙站起身，低下头，结结巴巴地说："我……我错了，不该……上课睡觉……"

徐老师瞪着眼，严厉地说："下课到我办公室来一趟！"说罢，转身回到讲台，又开始讲课。这下，陈豆睡意全无，乖乖地听起课来。

这件发生在我们班的趣事，都过去两年多了，但一想起来，我总会忍不住笑起来。

难忘的一堂课

叶晓艺

在读小学时,我上过无数节语文课,可一直对语文没有兴趣。语文课上,我就像个木头人,不思考,不举手,不发言。回到家里,字词也不愿写,更别提读课文了。唯独四年级时的一节语文课给我留下了深刻的印象。

记得那次来听课的人特别多,据说都是市、区领导和专家。看着这阵仗,我更是忐忑不安。课上,一连几个问题的回答都被好学生抢去了,根本没有我的份儿,看来我只能坐等下一个机会了。"你认为大怀老师是一个怎样的人呢?""他朴实。""他正直。"……唉,我想到的答案又被别人抢先说了,老师怎么就不叫我呢?看来,今天是没有"发言权"了,想到这儿,我不禁有些灰心丧气。要知道,为了今天这节课,昨天晚上我连电视都没看,足足读了二十几遍课文呢,我什么时候这样用功过?老师似乎对同学们的回答还不满意，还在耐心等待更好的答案。可是明摆着，答案都说了，还有什么？我又思索起来：大怀老师不是给穷人家的孩子撑腰吗？那大怀老师是在关心爱护穷人家的孩子，想到这里，我的心怦怦跳起来，举不举手呢？连中队长都没说对，我说错了怎么办？咳，管他呢，有老师，我怕什么！于是，我充满自信地举起了手。"叶晓艺！"老师叫了我的名字，我激动极了，用颤抖的声音说："大怀老师关心爱护穷人家的孩了。""对！回答得好！"老师一边大声地表扬我，一边用鼓励的目光注视着我。顿时，全班同学向我投来赞许的目光。课文中穷人家孩子的心情我可是体会到了，那种高兴劲儿就别提了！伴着愉快的心情，不知不觉间已经打下课铃了。

你们说，这堂课我能忘了吗？

冬季运动会序曲

阮小玥

元月,可爱的元月,一年的开端,我们又如期迎来了一年一度的学校冬季运动会。

这天,天空虽然阴云密布,但我的心里却是阳光灿烂,因为在运动会的开幕式上,我幸运地被选为检阅队员,准备接受大会的检阅。

当我们603班的队员排着整齐的队伍来到体育场时,只见体育场四周彩旗飘扬,有的同学把锣鼓敲得"咚咚"响,有的同学忙着摆桌椅,到处是兴奋、忙碌的人群。过了一会儿,检阅开始了。虽然天气变冷,同学们冻得有些发抖,但在检阅中,每班的检阅队员都迈着矫健的步伐,高呼"友谊第一,比赛第二。锻炼身体,保卫祖国"的口号,精神抖擞地走过主席台。我们班走得最整齐,口号喊得最响亮。我身在这个队伍中,非常自豪。我抬着头,挺着胸，向前迈着大步，想到自己能为集体争光，真是既兴奋又激动。

男子一百米赛跑开始了，很快便轮到我们班的张永新了。只听"啪"的一声枪响，张永新等六名同学，像离弦的箭似的向终点奔去。我们班同学都高呼："张永新，加油！"有的同学甚至从座位上跳了起来。啊！太好了！张永新超过了其他五名同学，抢到了最前面，我们喊得更起劲儿了，攥着拳头为他加油。在同学们的呐喊声中，张永新夺得了第一名！我们振臂欢呼、跳跃，就像我们自己跑了第一名那样兴奋。再看跳高场地，也是一片龙腾虎跃的景象。看，这个同学宛若飞燕一般轻松地掠过竹竿。再看那个同学，他把竹竿碰掉了，不过，他又重跳了一次，终于也跳过了竹竿……运动会在热烈的气氛中进行着。

这是一次多么有意义的活动啊！它使我们的集体更加团结，它使我们深刻地体会到"友谊第一，比赛第二"的深刻含义。

"别有味道"的月饼

陈　滢

> 轻易得到的东西总是不懂得珍惜，经过努力得来的东西尤显珍贵。
>
> ——题记

往年过中秋节时，由于我是家中最小的，家里的月饼总是随我挑，可是不管怎么挑，吃起来心理上总感觉不是很满足。今年，我向爸爸妈妈提议：我们的中秋应该过得有趣一点儿。于是我搜肠刮肚，让以往有趣的游戏在我的脑海中重现。对了，我们何不来一场家庭博饼呢！

令人向往的中秋节终于来了，我的计划可以开始实施了，我们的家的"博饼"可精彩了，比起超市的活动要有趣得多，你可别不信，请看精彩视频回放。

我一马当先，小心翼翼地抓起骰子，轻轻地往下一扔，哈，好一个"一举成双"，我郑重地接过属于我的莲蓉月饼。终于到我们家的"博饼大王"——妈妈出场了，只见妈妈熟练地把骰子往上一抛，骰子便稳稳当当地落在了碗里，发出了几声清脆的碰撞声，大家都目不转睛地盯着那几个正在欢快舞动着的骰子。哇！太酷了，一个"四世同堂"在妈妈手中诞生了，妈妈微笑着领回了一个大大的双黄月饼，看着妈妈手中的美味大月饼，我的口水快要决堤了。不等下一个人拿起骰子，我飞快地抓住骰子使劲一摔，骰子跳了一阵美妙的"芭蕾舞"，最后还摆了个漂亮的姿势，落定了，"对堂"，我再擦亮眼睛一看，没错！真是对堂。我正兴高采烈地准备伸手去拿那个唯一的冰皮月饼，妈妈将我拦住了，只见妈妈朝其中一颗骰子吹了口"仙气"，本来有些摇摇欲坠的那颗骰子立刻"不争气"地倒下了，唉，和我开了一个大玩笑，两千分就这样与我擦肩而过了。

早在一旁摩拳擦掌的爸爸轻松地抛出骰子，只见骰子在空中画了一道美丽的弧线后，完美地落到了盘子里，竟然是状元。我和妈妈斗得"两败俱伤"，没想到最终让爸爸这个第三者大获全胜，望着爸爸乐呵呵地捧走那个冰皮月饼后，我的心里涩涩的，不过，最疼我的老爸是不会看着我伤心的，他大方地把自己的战利品切成五块，每人一块。好东西，大家一起分享，我们一家子边吃边说。

怎么样，博饼好玩吗？真盼望每一天都是中秋节啊！

"怪味"六一

可 可

今年的"六一"节,我感觉它就像个"怪味豆",越嚼越让人回味无穷!

香甜味

盼呀盼,盼了一年,终于把"六一"这个属于我们自己的节日盼来了。早就听说今年学校要举行大型的文艺会演,我早就铆足劲儿,平时在舞蹈班里刻苦勤练基本功。真可谓万事俱备,只欠东风呀!我总是掰着手指倒数着时间,期盼着"六一"儿童节的到来。等待的日子是漫长的,但有目标的等待却是甜蜜的,只要一想到"六一"节,可以到我们自己的舞台上尽情展示,我连做梦都能笑出声来。

心 酸 味

  这酸却伴着甜味接踵而至,刚刚还沉浸在蜜罐里无法自拔,没想到甜蜜的日子是如此的短暂。难道是出什么问题了——演出取消了?还是落选了?大错特错,是本人太"优秀"了,舞蹈小组想选我,朗诵小组也看上了我。而我又太"贪心",鱼和熊掌都想要。我不知该如何决定,舞蹈我练了好久,我想让别人瞧瞧我的舞蹈功底;可朗诵又是我的强项,准备让我"挑大梁"。让我做决定,这不明摆着叫我为难吗?经过一番痛苦的抉择,我选择了朗诵,可这心里头的滋味真不好受,有股酸味直往心里钻。

苦 涩 味

  经过一段时间的辛苦排练,烦恼也悄悄地来了,朗诵对我来说小菜一碟,可伤透脑筋的是我的个子问题。我的那个搭档,那个"帅哥"整整比我高了一个头。为了缩短差距,老师和妈妈到处帮我找高跟鞋,可我能穿的鞋最多只有三厘米的后跟,没办法,妈妈只得另外又买了两块增高垫。可穿着这种"特制"的鞋子,我的脚真是受罪呀!此时此刻,我真想高声呐喊:老天呀,您怎么不让我长高点儿呢!终于感受到了"矮"的坏处。这种苦涩的滋味又有谁能理解呢？

"六一"年年过，今年的感觉往年却从未经历过，细细品味，越嚼越有味。

第一次走夜路

黄梓妍

人生有许多第一次，第一次坐车、第一次看电影、第一次玩游戏、第一次做手工、第一次受伤……我也有过许多第一次，但是，在众多的第一次之中，有一个却令我久久不能忘怀，时时萦绕于心……

那是我上三年级时的一个周末，吃过晚饭后，妈妈要去办公室加班，我也跟她一起去了。待了一会儿，我觉得太无聊了，就想先回家，可是我又害怕。妈妈看出了我的心思，笑着说："等不及了，先回去吧！"我急忙摇摇头，妈妈见状皱起了眉头，"不敢吗？那你只有再等一两个小时后同我一起回去了。"我很爱面子，不想被妈妈小看，于是决定自己先回家。

走出办公楼，风像锋利的刀刃，刺得我的脸生疼，看着黑黝黝的大路，我又心虚了。我蹑手蹑脚地钻进了黑暗之中，忐忑不安地走着。突然，我的身后闪出一道亮光，射在对面的树上，映出了树上摇曳的树枝，我以为那是什么妖魔鬼怪，赶紧加快了脚步。可总感觉背后树上的"怪物"在盯着我，我也顾不上自己的形象了，撒腿就跑，等到证明那个"怪物"看不见我了，才气喘吁吁地停了下来。我看看周围，一片漆黑，不由得想起了同学讲的鬼故事。我的耳边仿佛响起了野兽般刺耳的嗥叫声，我的腿直发抖，想迈出一步都很艰难。

我缓缓地行走着，来到了一盏路灯下，猛然间看见身后有一个影子在跟着我。我的脑子里顿时闪出了一个念头，难道那个人是在跟踪我？我毫不犹豫地再次钻进了黑暗之中，轻轻地向刚才发现黑影的方向走了过去，那个人怎么不见了？我回过头，猛然发现那个人正在我的背后，但仔细一看又不像。我对着他注视良久才认出了他的真面目——我的影子！我又疑神疑鬼了，再说世界上怎么可能有鬼呢？

我终于安定了怦怦直跳的心，大踏步走上了大路，很快就回到了家。刚进家门，妈妈的电话就到了。听见我的声音，妈妈显然也松了口气，"顺利到家了？我还以为我的宝贝儿子被怪物吃了呢！"听到这话，我不禁苦笑了一下。

第一次的经历虽然惊险，令人恐惧，但这件事使我终生难忘，因为它培养了我的自主能力，磨砺了我的意志。勇敢地去尝试有意义的第一次吧，它会使你的生活愈加丰富多彩！

第一次包饺子的启示

苏绍贤

我们每个人都在不断地成长，每个人都要学会做些力所能及的家务，因为"镜子不擦起灰尘，人不劳动变废人"。我们从小要学着做家务，做爸爸妈妈的帮手，将来才能独立生活。

暑假时，看见家人围坐在一起包饺子，我觉得很有意思，就迫不及待地跟着去学了。我拿了一张饺子皮，把它平摊在掌心，接着再夹一块肉馅放在皮中间，把两端合拢，然后用手把它粘住。这样，一个水饺就包好了。我高兴地拿给旁边的妈妈看，妈妈拿起我包的饺子放在她的盘子里。我仔细端详着自己包的饺子，发现它样子很别扭，合拢的地方还出现了一条缝隙，像是在嘲笑我似的。于是我认真观察妈妈是怎样包饺子的，看完之后，我若有所悟，开始动手包第二个。第一次，因为馅放得太少，没粘紧，不好看，所以这次我夹了一块很大的馅，两端对齐后用力一捏，可没想到这张又大又圆的饺子皮，被馅给撑破了，馅里的汁冒了出来，弄得我的手黏黏糊糊的，补了这边，那边又开口了，饺子仿佛决堤的洪水，左突右冲，无奈之下，我只好在外面多包了一张饺子皮，悄悄地把饺子放在盘子的边缘。这只饺子又大又胖，像是一个富态的"阔老板"，挺着他大大的将军肚。虽然很好笑，但也挺可爱的。我不灰心，下决心包好第三个，在包第三个时，我更加小心，夹了不多不少的馅……后来，我越包越顺，跟妈妈包的饺子放在一起，也不会感觉那么逊色了。不一会儿，我们大家把饺子都包完了，吃着自己包的饺子，我心里甜甜的。

　　学会包饺子，使我知道了做家务并不简单，哪怕看起来再简单、再细小的事情都要认真对待。

第一次被冤枉

黄 轩

> 生活中经常会发生许多难以预料的事情,有时难免会发生误会,我们千万不能在没有证据的情况下随便冤枉人,被冤枉的滋味可真不好受。
>
> ——题记

一天中午,我来到教室,看见同桌小志趴在桌子上哭,一向热心肠的我连忙向当天的值日班长小雅询问:"小志怎么啦?"谁知道小雅竟然连头都不抬,瞟了我一眼,阴阳怪气地说:"怎么啦?他放在文具盒里的钱莫名其妙地不见了!十多块呢!"说完,她又用一种异样的目光瞥了我一眼。

回到座位上,我是丈二和尚——摸不着头脑呀!心里不禁犯起了嘀咕:小志丢钱与我何干?小雅干吗要用这种眼神看着我？好像这件事是我做的一样，我越想心里越不是滋味……这时，发生在四年级上学期的一件事突然溜进了我的脑海中。那时，我看小雅有一本书甚是好看，就一时犯了糊涂，装进了自己的书包。可事后我也认识到自己有错在先，还是把书物归原主了，而且向他道了歉。难道他怀疑是我偷的？

我拿出课本准备做作业，可我看到小雅站在讲台前不时用眼睛的余光扫着我。我真是既生气又无奈。气的是她没有任何证据胡乱地猜疑。要说怀疑的话，也得怀疑那些比我来得早的人，当然也包括她小雅！可我再生气也没用呀，再大的火也无处发，因为人家也没开口指名道姓说是我拿的呀！

正当我生闷气的时候，班主任林老师走进了教室。同学们七嘴八舌地把事情的来龙去脉给林老师汇报了一通。林老师听完后，用严厉的目光扫视了全班每一位同学，但我感觉在我这儿停留的时间更长些。然后，她以不容置疑的口气对同学们说："如果哪位同学拾到了小志的钱，请明天早晨趁老师没来，把钱放到讲桌的抽屉里。"我想：老师这样处理也好，总该给那人一个悔过自新的机会。

可事情并不像我想的那样。两天过去了，依然没有结果。但我却分明感觉到老师对我的态度在一天天转变，好像我一天没承认，她就不会原谅我似的。

这件事虽然过去半年多了,可我仍旧无法忘记。就这么一件事让我满身是嘴也说不清楚,跳到黄河也洗不清了呀!我永远也忘不了这第一次被冤枉的滋味。

第一次骑双人自行车

黄思莹

假期最快乐的事就是出去旅游了,我们到了桂林的阳朔,听说"桂林山水甲天下,阳朔山水甲桂林"。到了阳朔,我看到双人自行车,骑自行车向来就是我的最爱,看到这个双人自行车简直把我乐坏了。我想,它肯定比我原来骑的单人自行车好玩多了。我迫不及待地让爸爸为我租用一辆。

那天,我和爸爸在阳朔租了这辆双人自行车。那可是我们第一次和双人自行车零距离接触。那辆双人自行车是翠绿色的,比普通自行车也只不过多了一个坐垫和一双脚踏。爸爸在前,我在后,两个驾驶员兼乘客相继到位,整装待发……

我们刚上车坐好,屁股还没找到感觉,车子就不住地往左倾斜,幸亏爸爸腿长,撑在地上,才避免了"人仰车翻"的惨象。人虽没掉下来,可我的心早已敲起了拨浪鼓,咚咚乱跳。幸好前方就是一段下坡路,我们不费吹灰之力就连人带车从坡顶"飞"了下去。车身有点儿摇摆,有点儿沉重,还"嘎吱吱"地响。我有点儿紧张,有点儿兴奋,还有点儿不知所措。爸爸全神贯注,神气十足地一路高喊:"车来了,车来了!"引得路人纷纷朝我们望过来,有的脸上带着会意的微笑,有的眼里流露出好奇的目光,有的急忙往路边躲闪。两边的青山绿树从身边一晃而过,仿佛一个个吓呆了的观众;道路两旁悬挂在枝头上的红彤彤如灯笼般的火龙果,仿佛一双双惊呆的大眼睛;再侧耳倾听那若有若无的轻灵的风声,仿佛一声声惊讶的叹息。缕缕轻烟般缥缈的风拂面吹来,像是在安抚我那异常激动的心,令我陶醉不已。我仿佛来到了人间仙境,那感觉只有一个字能形容——爽。

　　车子滑到坡底,速度越来越慢,我们不得不开始踩车。可是车子好像故意和我们过不去似的,不是爸爸快了就是我慢了,我俩总合不上拍。车子在我俩的折腾下像蜗牛一样扭扭捏捏地在路上爬着,东倒西歪地前进着,不知不觉来到了一个小山坡。"上坡了!"爸爸喊道。我发出欢快的叫声:"噢——"我们加足马力冲了上去。这回兴许是山坡的"巨大威胁"使我们变得同心协力、步调一致了,车子反而变得格外轻便、格外听指挥了。我们冲呀,冲呀,终于冲到了坡顶,但那时的我已无心观景,只顾着喘气了。唉,真累!不过,真的很过瘾,很带劲儿!

怎么样,是不是很好玩?什么,你觉得累,不好玩?嘿,好玩才会累嘛!不信?不信你自己去试一试呀!

对坏习惯说再见

挥泪斩断"坏习惯"

黄君娜

俗话说:"学好三年,学坏三天!"要改掉身上的坏习惯,那可不是一件容易的事。

——题记

轻松的暑假一眨眼就画上了句号,新学期又开始了。真是光阴似箭,日月如梭啊!转眼之间,我已经读小学五年级了。新学期,新面貌,新的开始,我也得赶紧做些什么,弥补一下上学期的不足,塑造一个全新的自我。我歪着脑袋想了几分钟,以往的那些"铁哥们"争着往我脑子里挤,短短几分钟我就列出了长长的一串清单,该先拿谁来"开刀"呢?摸摸这个,又掂掂那个,他们都跟我颇有渊源,实在是不忍心动这些"兄弟",可是如果不"挥泪斩马谡",自己也无颜见江东父老呀!挣扎再三之后,我只得忍痛先拿"冒失鬼"来开刀。

谁让"他"第一天就让我出丑来着。你瞧,数学老师早上才刚发数学考卷,下午"冒失鬼"就让我找不到考卷了,刚开始我不以为然,反正那就是一张练习卷,老师也不讲,当下课后老师通知下午要讲时,我慌了。下课时,几个"热心人"主动帮我找,找了一会儿,这个说没有,那个说没有,我急得就像热锅上的蚂蚁。快上课了,人群渐渐散了,望着那寥寥无几的人,我哭成了泪人,一位同学突然问道:"你仔细想想,到底放哪儿了?"经她这么提醒,我一下子想到了,我急忙拿起数学书,从里面拿出了考卷……可恶的"冒失鬼"呀,你差点儿就害我受苦了,我真的不能再纵容你了,兄弟,对不住了呀!

接下来该找"懒虫"了。星期一早上总是妈妈最忙碌的时候,她好不容易把我连拖带拽地弄起床,可没睡醒的我慢吞吞地洗脸刷牙,慢吞吞地上厕所,慢吞吞地换衣服,慢吞吞地下楼后,看见爷爷奶奶那舒服的床,我条件反射似的倒头便睡,等妈妈再次把我拽起来,我睡眼惺忪地吃完早饭,赶到学校时,早读课已经开始了。都是这个"懒虫"害得我以前几乎每周都被罚。这一学期,我一定要和"懒虫"说再见了,让这个坏家伙再也不能祸害我了。

眼下,我正在寻找和我最黏的"兄弟"——眼泪,这家伙总是让别人误以为我还是一二年级的小学生,就因为有你，我的眼前总是潮湿一片。你看，一遇到点儿小麻烦，你就来；一被老师或爸爸妈妈批评，你又不请自来；没有得到我想要的东西，你也赶来凑热闹……哎呀，因为你，我得了个"爱哭鬼"的美名。现在我已经五年级了，这个外号再这样叫下去的话，恐怕那些学弟学妹们的牙都得笑掉了。为此，尽管你忠心陪伴了我许多年，也让我因为你的存在得到了许多通行证，也换来了许多胜利品，可你应该属于那些"小屁孩儿"，我不能自私地霸占你了，相信我，没了你，我一定也能赢得许多的荣誉！

　　接下来要找谁呢？一起喊出我们的口号吧："新学期，新的自我，告别坏习惯我能行！"

不再乱花钱

徐思敏

> 花钱买东西好像是与生俱来的本领，而卖东西挣钱可是很多人不敢尝试的哦！
> ——题记

看到这个题目，你们肯定以为是我写错别字了，或者我家有人在开店，或是我的亲人在卖水果，其实都不对。

假期里，妈妈帮我安排了太多的活动，害我错过了我向往已久的"小记者卖报"活动，当我看到小记者们卖报的图片，兴奋得眼珠子都快蹦出来了。更是气得咬牙切齿，多好的锻炼机会呀！要是我有这样的机会，凭着我的三寸不烂之舌，一定能大展拳脚，收获颇丰……唉，可怜我这英雄无用武之地呀！我正自怨自艾的时候，假期也已接近尾声了。我正苦于无回天之力的时候，刚好发现外婆对着满树如玛瑙般的龙眼发呆。

　　我不禁心生疑惑，就轻轻地走到外婆身边，问道："外婆，您这是在看什么呀？这么入神。"外婆叹了口气说："唉，如果龙眼不结果子，感觉很可惜；可它结了一树饱满的果子，我还是不开心……"从谈话中，我得知现在龙眼太多了，已经没有商贩来收购了，自己吃也吃不了多少。这些龙眼可是外婆花了许多心血精心培育起来的。她照顾这些龙眼比照顾自己的孙子还用心呢！现在让她眼睁睁地看着颗粒饱满的果实就这样坏在枝头上，她当然揪心了！

　　我不解地问外婆："为什么我们不自己把龙眼摘去卖呢？"外婆无奈地笑了笑说："现在龙眼的价格很低，外婆的腿脚又不是很灵便，上上下下地爬树很危险，所以你外公和舅舅都不让我去卖……"说着说着，外婆又叹起气来。

　　我不是正在为没能去卖报而伤心吗？我何不去为外婆卖龙眼呢？我不禁为自己这一念头叫好，说干就干，外婆为我的想法大吃一惊，但她却很佩服我小小年纪就有这样的胆量，也想让我真正去试一试。我高兴得又蹦又跳，接下来我和外婆摘了一些龙眼，是树中特别大的，把它们一个个剪下来，然后放在冰箱里。第二天，我拿了一个装粽子的精美的盒子，在爸爸妈妈疑惑的目光中独自一人带着我的"商品"向街道走去。此时此刻，我的心情既兴奋又紧张。兴奋的是我就快实现我的"大企业家"之梦了，紧张的是我不知道该怎样向我的"上帝"开口。

我拿着我的"商品"站在了一个卖菜的阿婆身边，和她并排站了许久，阿婆打量着我那个漂亮的篮子，关注了我半天后，询问我是买东西还是卖东西，我这才把盖子打开，阿婆尝了我的龙眼后，我们经过一番讨价还价，我以二元五角的价格成功地赢得了我的"第一桶金"。第二天，我又卖了三元五角，爸爸妈妈、爷爷奶奶都对我刮目相看。

这一次的"经商"经历不但训练了我的口头表达能力，更是让我懂得了赚钱的艰辛。新学期里，我将不再像以往那样见到东西就恨不得马上把它都搬回家。我一定会反复斟酌，该买的再买，养成勤俭节约的好习惯，不再随意乱花钱。

和健忘说再见

陈凯聪

在老师和同学的眼里,我是一个人见人爱、花见花开的"乖乖女",你们肯定不会想到"乖乖女"也会挨批。

下课时,我正兴高采烈地跳皮筋,突然感到背上湿漉漉的,原来,不知不觉中,我们几个都跳得大汗淋漓。我马上脱掉外套,顿时感到背上少了一个包袱,凉爽多了。我想进教室放衣服,可又舍不得离开我亲爱的皮筋,正当我犹豫不决时,突然发现了"救星"——尊敬的垃圾桶先生,我随手把衣服扔在垃圾桶上,又继续跳起皮筋来。不知不觉,上课铃声响了起来,我匆匆忙忙跑进自修教室,早把衣服的事儿抛到九霄云外去了。

等到了晚上要去宿舍时,我刚走出教室的门,就感到凉风飕飕的,我像一只缩头乌龟,把好不容易伸出来的头又缩回去了。这时我才意识到:外套竟然不见了。我在教室里几乎"挖地三尺",可还是没能找到我的外套,我的外套竟然神不知鬼不觉地失踪了。我磨蹭了许久,只好硬着头皮向宿舍走去,到宿舍后,我只字不提外套的事儿,所以暂时"平安无事"。可躲得过初一,也躲不过十五。洗完澡,妈妈正埋头洗我的衣服时,说:"潘诗滢,你给我出来!"唉,是福不是祸,是祸躲不过,不该来的终究还是来了。此时我正在卫生间里享受着读书的乐趣,尽管我很不情愿,但母命难违啊!我只好一步一步慢慢地挪到妈妈跟前。"你的外套呢?"妈妈瞪着圆鼓鼓的双眼,虎着脸问道。我一看情况不妙,便准备脚底抹油——溜之大吉。可妈妈早有准备,伸出大手轻轻松松地就把我给"逮回来"了,口齿伶俐的妈妈训起人来真是咄咄逼人、毫不留情呀!都是健忘这个"坏哥们儿"做的好事,看来今晚找不到外套,妈妈是不会给我好果子吃的。我急忙提心吊胆地踏上"寻找外套之旅"。我费了半天劲儿,几乎把教室翻了个底朝天,可还是一无所获,正在我灰心丧气的时候,我竟然发现垃圾桶先生还在尽职尽责地"保护着"我的外套,我给它鞠了躬,作了揖,就差和它拥抱了。

健忘,你这好兄弟让我饱尝了挨批的滋味!新的学期,我不想再和你这兄弟为伍了,我要和你绝交!请大家相信我,新学期,我一定能做到的!

都是粗心惹的祸

林芷璇

那是一个周末,下午,我从邻居家玩耍回来,在家门口,我习惯性地伸手从上衣的口袋里拿钥匙开门。咦,我的手在口袋里摸了半天,可却什么也没有找到,钥匙竟然不翼而飞了。难道装在裤袋里了?可到裤袋里掏了半天,还是没有找到。难道在脖子上?我又用手摸摸脖子,可脖子上也是空空如也。天呀,没有钥匙,那我怎么回家呀?如果被坏人抓去了,那……

我越想越怕,我一定要在妈妈回来前的半小时内找到钥匙,我在心中给自己下达命令。我继续在脑海中搜寻着关于钥匙的线索。对了,我刚才在邻居二婶家玩,会不会落在她的家里了?我顿时像捞到了一根救命的稻草,撒腿就向二婶家跑去。

一到二婶家,我顾不得二婶惊异的目光,四处张望起来，弄得二婶也觉得很尴尬。二婶着急地问我干什么，我一边看，一边用带着哭腔的声音告诉她："我的钥匙没有了，要是妈妈知道了……"我哽咽着。二婶恍然大悟，忙安慰我说："别急，别急，一定可以找到的，你再好好想想到底放哪儿了？"说着，她也帮我找了起来。我们一起找遍了我刚才玩耍的每个角落，可我还是没看到钥匙的踪迹。

完了，钥匙没有了。猜想着妈妈回家后知道这件事的情形，我的额头上不禁冒出了冷汗，身上的背心也湿了。我双腿无力地瘫坐在地上。说来也真巧，就在我坐下的时候，大腿不知被什么东西硌了一下，就在脚脖子那里。我正想把气撒在它身上，伸手一摸，啊，是我亲爱的钥匙。我差点儿对它作揖，我激动地从裤脚处拿出了钥匙，久久地捧在手心，生怕它又长翅膀飞走了。

唉，回想刚才的情形，真是"粗心大意"害死人呀！这个朋友真是要不得呀，我要和它绝交。

学骑自行车

苏炽培

我的暑假生活是多姿多彩的。如果你要我说出最难忘的一件事,那就是爸爸教我骑自行车了。

我就读的学校离家远,每天只好靠爸爸接送我。每天早晨,爸爸都是早早起床,七点之前就急匆匆地把我送到学校;放学前,他又早早地来到校门口,翘首静待;到放学时,他又忙着送我回家。这样一日又一日,送走了春夏又迎来了秋冬。不经意中,我发现爸爸的头上长了好多好多的白发,有的同学竟误以为他是我爷爷。望着爸爸忙碌的背影,我暗地里潸然泪下。要是我有一辆自行车,要是我能自己骑自行车上学,那该多好啊!

8月8日,是我拥有一辆崭新自行车的日子。那几天,我都在花圃那狭窄而又短小的道路上折腾着,弄得腿上青一块、紫一块的。爸爸看在眼里,急在心头,终于决定放下手中的活儿，带我到高林中学练习骑自行车。

　　花圃到学校有一段路程，爸爸骑上自行车带我去，尽管汗水早已湿透了衣服，人也累得气喘吁吁，但是我那有点儿发胖的爸爸却顾不上休息，一趟又一趟地帮我扶着车子跑过来跑过去。虽然爸爸跟着我，还不时地鼓励我，可是车子仍然摇摇晃晃的，如风中的小草。我害怕极了，好几次都想放弃不学了，但每次看到汗流满面的爸爸，我便有了力量，有了信心。

　　一趟，两趟……我终于能自己骑了，我便自告奋勇，要爸爸休息。优哉游哉，车轮滚动着，滚动着，可当我要刹车下来时，心里一片茫然，我还不知道怎么刹车、停车呢。心里一害怕，只听得"哐当"一声，我从车子上重重地摔了下来，痛得直叫。爸爸吓得魂飞魄散，急忙跑过来扶我，并连声问道："摔伤没有？疼不疼？"看到爸爸着急的样子，我故作轻松，拍拍身上的灰尘说："没事，没事。"我扶起车子，又上"路"了。

　　工夫不负有心人，我终于和自行车交上了朋友。当9月1日的朝阳冉冉升起时，公路上又多了一个戴着太阳帽，背着新书包骑车上学的小女孩儿。

放假头一天

黄志鸿

时间像流水一样飞快地奔跑着,转眼间,暑假就来临了。我们终于可以放下沉重的书包,开开心心地大疯特疯了,但是美中不足的是作业多得让人吐血……

回到家,一向是个乖孩子的我,本想着先把作业一扫而光,再痛痛快快地玩个够,可是我刚拿起作业,还没做两页,楼下的嬉闹声便把我的魂儿给勾走了。不管三七二十一,还是先玩玩再说吧,游戏虫终究还是把我给征服了,我像被控制了似的,情不自禁地站了起来,脚也不由自主地向楼下走去。刚走到门口,眼睛一亮,发现了楼下正玩得热火朝天的小明、小天、小光,他们正在拔河,正好三缺一,我以刘翔百米冲刺的速度奔向他们,请求加入。他们欣然同意了。我与小天一组,小光和小明一组,我们的比赛便正式拉开了帷幕。

只听小天一声令下,我便立刻往后仰,双脚拼了命地往后乱蹬,双手紧紧抓住绳子,像鳄鱼咬住了猎物似的不肯松手,可还是比不过他们,我急得满头大汗,看着绳子一点一点地移向他们那一边。我在心里默默地念叨:上天呀,快赐予我神力吧,让我力挽狂澜,反败为胜吧!可是见到那红点还是一步步向对方移去,我的心一下子凉了,本想就此放弃,可我抬眼看见我的同伴小天还咬着牙,脸色铁青,抓绳的手一片通红,我被他的那股坚持劲儿感染了,似乎上天也被我们二人这股不服输的干劲儿感动了,我的心里仿佛注射了一支增强剂,我赶忙凝神静气,和小天一起心往一处想,力往一处使,我们终于战胜了对方。

　　我们靠团结的力量赢了这场比赛,也为我的假期开了一个好头,放假的感觉真好!

我们自由了

陈宇欣

生命诚可贵,自由价更高。我们终于盼到了"自由"!

——题记

"小鸟在天边带路,风儿吹向我们,我们像小鸟一样快乐地迎接我们的假期……"唱着我们自编自导的歌,伴着可爱的阳光,快乐的暑假终于来临了,我可以任意地"撒野"去了。

电视不打烊

平日,电视只要一出声,老妈那"顺风耳"立马就能察觉,随之而来的就是她的"狮吼功",紧随其后的就是一大堆"经文"。我赶紧乖乖地躲到房间里,继续埋头苦干。做学生的真是命苦呀!这下我再也不用像猫捉老鼠一样担心妈妈来捉了,可以光明正大地说:"放假了,我不做木头人了。"放假第一天,我家的电视不打烊,真是过瘾!

外边的世界真精彩

平时,总是围绕着家、学校两点一线,眼中除了书还是书,眼前只有文字符号和数字在摇晃。这下也该犒劳犒劳辛苦了大半年的眼睛。走,到野外去逛逛。田野里好玩的事儿接连不断,瞧,目标又出现了,一架架红色的"直升机"在绿色的水稻田上空飞过。我拿着网,一路追踪,摸准时机往前一伸,一只蜻蜓落入我的"魔掌"。玩了这么久,肚子也饿了,抓几只螃蟹吧。我挽起裤子,光着脚丫,踏进清澈的河水。搬开水底的小圆石,我发现许多又肥又大的螃蟹。它们挥舞着大钳子,好像在向我示威。我小心翼翼地伸出手,抓起一只螃蟹,扔进了竹篓,五只、六只,我满载而归,吃了一餐丰盛的清蒸螃蟹,真是香!

课外活动真快乐

平时繁重的学习,总让那副"狂野"隐藏在"斯文"

的外表下,现在,终于可以原形毕露了。走,约上朋友,三五成群,打羽毛球、跳绳、冲关、溜冰、骑自行车……这样的生活才叫痛快,但也感觉时间过得真快。

　　精彩的时光、快乐的时光,总是过得很快,就像坐火车看外面的风景,一闪而过。

环境污染何时才能停止

黄雅琪

很久以前,人类与自然和谐并存。

那时天是蓝的,水是绿的,人类生活在田园般的环境里,自由自在,幸福安康。然而随着社会的发展,人类对自然越来越残暴了,人们无节制的索取导致了环境的恶化,可令人心痛的是,多数人还没有意识到这种危害的临近。

当前社会的"白色环境污染"相当多。例如人们上商场、菜市场等购物,都用塑料袋来装,说是因为塑料袋卫生。但是人们用完以后就把袋子扔掉,哪里顾及这会带来多大的污染。

现在大气污染也很严重,随着生活水平的提高,许多人开着汽车东奔西跑。在有些人看来,这是富有的表现。但是,在懂得这种污染危害之大的人看来,却是不文明的表现。

在农村，有花草树木，空气清新，环境污染原本是不存在的，但人们不懂得去保护，反而去破坏，乱砍滥伐，把一个充满生机和活力的山林砍得伤痕累累。

人类面临着这么多的环境问题，怎么能无动于衷呢？为了人类不再受到环境污染的威胁，我们应该发出"保护环境，从我做起""关爱一草一木，就是关爱人类的生存"的号召。让我们共同为保护环境努力吧！

难道人们就不想有一个天常蓝、水常碧、鸟齐鸣的生态环境吗？如果任意糟蹋下去，几百年以后，我们的生存环境将会变得更糟糕，空中弥漫着工厂排出的滚滚浓烟，河里到处流淌着工厂排出的污水……后果不堪设想。

人类啊！让我们共同创造一个良好的生存环境吧！

诚"食"无价

苏倩倩

挂钟敲了十一下,已是十一点了,我饿得肚子"咕咕"叫。吃什么呢?我伸了个懒腰,从书桌旁起来去厨房找点儿吃的。

"叮咚——叮咚——"门外响起了急促的门铃声。听这声音百分之八十是好朋友小妍。我缓缓地去开门,啊?没想到门外站着的是妈妈!

"妈,你怎么回来了?你不是说中午有事不回来了吗?"

"我加班把事情办好了,这么晚了,带你去外面吃点儿东西吧,下午还有事呢!"虽然很不可思议,可这句话确实是从我妈嘴里说出来的。

"什么意思,是不是有人请客?是小苗阿姨还是阿杰叔叔?"我实在想不明白,一向"抠门儿"的老妈今天是受了什么刺激，竟然请我去外面吃饭？

"就一定要别人请客我才带你去吃啊，你把我看成什么了！"妈妈说。

我不怀好意地吐了吐舌头，这次我确信不是在做梦。"想吃什么呢？"

"去吃汉堡吧！"平时反对我吃快餐的老妈竟说出这话，我又半信半疑了。

为了防止老妈反悔，我连忙叫道："好啊，好啊！老妈一言既出，驷马难追哦！"

我兴奋地哼着歌下楼，可刚到楼下，一阵熟悉的音乐响起，哦，是老妈的彩铃声。"喂，哦，啊？现在啊，嗯，我马上就去……"我哼到一半的歌硬是给咽了回去，不用说，"鸡"飞了。

我本来就没抱多大希望，可心里还是很不舒服，我不知怎么上的楼，立马用被子捂住头，在楼下强忍着的眼泪，还是不听使唤地流了出来。

简单地吃过中饭，我又做起了作业，圆珠笔在本子上的摩擦声响了起来，那么无聊，枯燥的"嚓嚓"声让时间变得缓慢了。

不知过了多久，门外又传来了熟悉的"叮咚"声。我知道肯定是老妈回来了，可我不想出去迎接。我听见钥匙在锁孔里转动的声音了，我依旧不愿从凳子上起来。

咦，什么味儿？这么香！像是汉堡的味儿，难道是自己太想吃，做梦？可香味越来越浓，我忍不住咽了咽口水，抬头一看，妈妈手里正捧着一个汉堡，还有一盒炸鸡。真的不是幻觉！

"中饭吃了吗？瞧妈妈给你送诚'食'来了，吃吧，还热着呢！"

我接过汉堡细细地品尝着这份诚"食"，这味儿真香，比以往任何一个汉堡都香，想到自己一个下午的委屈，刚才还不愿为老妈开门，真是……

妈妈看着我吃完最后一口汉堡又走了，说晚饭一定回来吃。

家里又剩下我一个人，圆珠笔在本子上的摩擦声又响了起来，这一次是欢快的"嚓嚓"声，那悦耳的声音伴随着我与时间赛跑。

诚 信 无 价

陈悦凡

中秋节时,厦门的阿姨第一次来我家,妈妈便带着我到菜市场买她最喜欢的土鸡。

我们来到一个摊位,摊主是个漂亮的阿姨,她前面摆着一只只开膛破肚的鸡,旁边立着两个牌子:家养土鸡和场养鸡肉。我们前面的一位老爷爷来买土鸡肉,他挑了一只又肥又大的土鸡,那个阿姨挑着杆秤称了称,笑着说:"抹去尾数,二十六元。"那个阿姨可真好呀!我心里不禁这样想,可接下来的事让我对她的态度发生了一百八十度的大转变。

老爷爷和蔼地笑着说:"好,你真会做生意,以后我还会常来光顾的。"可谁知那阿姨趁老爷爷不注意,竟然以迅雷不及掩耳之势把土鸡肉和场养鸡调包了!我的眼珠子都快掉下来了,调包就算了,老爷爷走的时候,那阿姨还假惺惺地说："大爷慢走！吃好了再来呀！"听得我都想吐！轮到妈妈买了，我立刻拉着妈妈的手说："我们走！"走远以后，我就后悔了，为什么不当面揭穿她呢？不知这黑心的阿姨又要坑多少人！但是，我又马上否定了自己，口说无凭，就算说了别人也不相信。

"买不了鸡肉，买条大鲈鱼吧！"妈妈提议。好吧，至少鱼没分家养和场养。

我们来到一个摊位，摊主是个笑容可掬的叔叔，他应该不会调包了吧？妈妈挑了一条活鲈鱼，那个叔叔把人鲈鱼放进一个黑色的盆里洗了洗，结果拿出来的是一条血淋淋的鱼。我怀着强烈的好奇心绕到黑色的盆后面，呀！我们选的那条大鲈鱼还在盆里蹦来跳去的呢！我不由得大叫起来，其他要买鱼的人一哄而散，我一见，赶紧溜之大吉，总不能傻愣在那儿等摊主找我算账吧！

诚是为人的核心，信是做人的根本，可多少人为了金钱，连最基本的诚信都没了。九月本是丰收的季节，可这些商贩这样播种，他们不是搬石头砸自己的脚吗？

刺眼的一百分

苏俊贤

"生命不可能从谎言中开出灿烂的花。"这句话说明诚实的重要性。人人都要讲诚信,诚信从我做起。

九月份刚开学的第二周,老师为了检测我们以前的旧知识,出了张试卷,考卷发下来了,我是唯一的一百分,也是唯一的第一名,听着老师的表扬,看着同学羡慕的眼神,仿佛空气都舒服起来了!可是,我在核对答案时,发现有一处老师批改错了。哈哈,是不是老师"老眼昏花"了,或是老师故意试探我?一连串的疑问在我脑海中徘徊。不管了,就当老师送分给我吧,既收之则安之,真是谢谢您啊,老师!我暗暗地安慰自己。而后赶紧用手遮住错题,神不知鬼不觉地把答案改了过来,然后,神情恍惚地混到了下课。

下课了,看着那两个"零",不知不觉"一百分"

笑了起来，笑得我心里真难受，这时，我想：还是不说吧！可耳畔好像传来一阵刺耳的笑声，我生气地吼着："谁？""一百分"捧着肚子笑，慢慢地停住，不屑地说："是怕零用钱没了，还是怕被老师责备？""哈哈……""一百"的笑声更加响亮了，我被闹得有些头晕，"叮叮……"上课铃声响了，提醒我回过神来，我专心不了，心里像有一只顽皮的小白兔乱窜乱跳，让我的思绪不宁，我无心上课了。

午饭时，我盛了少量饭，大口大口地往嘴里扒着，如同嚼蜡一般，可肚中没有丝毫感觉，接着又如行尸走肉般地回到教室，很快地做完作业，好像有什么东西在追赶似的。

时间仿佛过了半个世纪一样漫长，我不能再这样忍受煎熬了……终于，第一节数学课开始了，我轻轻地拍拍胸口，站了起来，"老师，试卷改错了。"老师看了看微笑地把一百分改成九十九分。"对，改错了，小贤这样诚实，值得表扬！"似乎老师早已知道事情的结果。尽管我再也不是唯一的第一名，再也不是唯一的一百分，但是，我收获了诚实，我仿佛看到"九十九分"对我甜甜地笑了一下。

诚实，宛如最美的花，悄然地绽放在我小小的心田里。

自信胶囊

黄珊珊

坐在回国的超级飞行器上,我感觉好极了。因为这次我带回来了新发明的产品——"自信胶囊"。

你一定感到奇怪,为什么我会想到发明"自信胶囊"呢?因为"自信"对于我们人类来说,太重要了。有它在身边陪伴你,你就会昂首挺胸,信心十足,不怕任何困难,有更大的可能获得成功。它决定了你生活的质量,决定了你学习的效率,决定了你的前途。而我自己就因为不自信,失去了很多锻炼的机会。不够自信,让我不敢竞选班长;不够自信,让我不敢大胆地登台演出;不够自信,让我与商报记者职位擦肩而过……还有很多人像我一样不够自信,失去了很多。

正因为"自信"重要,我才萌发了制造"自信"的念头。我的想法得到了地球村村主任的支持,拨给了我一千万美元的实验经费。拿到经费，我立即成立了地球上最大的实验室，召集了全球十位顶尖的科学家，开始了艰苦的实验。一年过去了，我们研究组终于获得了成功。消息传出，整个世界都轰动了。

申报地球村委员会通过后，我们立即建立了一条生产线，开始日夜生产。不久，第一批产品就问世了。现在，我带着新产品回到中国，准备试销！

飞行器着陆后，我顾不上休息，立即召开新闻发布会，开始试销。才一天时间，带回来的一千盒"自信胶囊"就销售一空。一个月后，产品使用情况就汇总到了我们总部：

一、销售地：中国。使用人群：高三学生。使用情况：某重点学校三百人临近高考，心理压力太大，失去了自信。他们各买"自信胶囊"一瓶（三十粒），高考前一个月，每天服用一粒，变得信心十足，成绩突飞猛进，高考获得了好成绩，百分之百考进了一本。

二、销售地：中国。使用人群：足球运动员。使用情况：中国国家足球队队员普遍失去了自信，士气低沉，经服用"自信胶囊"，球队面貌发生了巨大变化，实力大幅提高。在世界杯比赛中，已进入决赛，夺冠呼声最高。

……

经过多方面的反馈，我们发明的"自信胶囊"效果显著，对身体没有任何副作用，获得使用者一致好评。大家一致认为:"自信胶囊"的发明,给全世界带来了福音。

　　带着人们送的鲜花,我登上了回总部的飞行器。可飞行器飞着飞着,突然剧烈地抖动起来……就在它坠向大海的时候,我突然醒了过来,原来,这一切都是一个梦呀!

　　期待美梦成真吧,为了让众多和我一样缺少自信的朋友早日摆脱苦恼,我一定会尽快发明出"自信胶囊"的!

超时空神灯

苏伟林

一天,我正在丛林中散步,走着走着,我面前的土地上竟然出现了一盏古代的油灯。我想:现在,怎么会有这样的古董出现,难道是哪个收垃圾的嫌这个不值钱?还是收得太多了,掉了?我边想边走上前,还没等我定睛一看,那灯突然睁开了一双铜铃般的眼睛,对我说:"主人好!我是盏神灯,谁发现了我,谁就是我的主人。我能把您传送到任何一个时空,以实现主人的愿望。不过,您只能吩咐我四次哦!"

我觉得很新奇,便对他说:"那好,我要用不完的金钱!"一道白光闪过,我发现自己正站在一座钱山上,到处都是钱!欧元、美元、人民币……我正要抱起神灯亲吻时,走过来一个清洁工模样的人,说:"啊——这些垃圾还在这儿啊……哎,垃圾堆上还有个人?"我愣住了:

"垃圾？"这时，神灯出现了，他说："主人，你正处于三十世纪的垃圾场中。现在的世界已不用货币，钱自然就成了垃圾啦！"我气得直跺脚，说："算了，我要统治全宇宙！"

又是白光一闪，我发现自己正处于一个被密密麻麻的仪器包围的房间里，有许多白衣人在忙碌着，这时，一个白衣人走过来对我说："你是新来的吧？快换衣服，该控制全宇宙居民家里的送餐机了！"我不由得心生疑惑，便问神灯："这是怎么回事？"神灯回答："主人，您正处于五十六世纪，这里是整个宇宙的控制中心。在这里工作的人要侍候全宇宙的居民吃饭、购物、上班打卡……在这个时空中，您是正牌的宇宙主人。"我愤怒地说："我不要做'宇宙主人'！好了，快实现我的下一个愿望——我要青春永驻！"

又是一道白光，比前两次更强烈。等我回过神来，发现自己被固定在一张铁板上，许多机器人在我身旁忙碌着。我大声喊叫："神灯，这又是怎么回事？"神灯眨眨眼对我说："主人，您正处于六十世纪末地球爆炸前夕，您将被送进永恒冷冻机。在这里，您会永葆青春。"我吓得哭了起来："永恒冷冻？那我将永远不吃、不喝、不动……这不跟死人一样吗？"这时，"永恒冷冻机"的金属大门已经打开，我看见里面躺着许多一动不动的人。我从头凉到了脚，大声喊道："神灯，我的最后一个愿望是，这一切从来没发生过！"

最后一道白光亮起，朦胧中，我听到神灯对我说："主人，四个愿望已经完成，我该离开您，寻找下一个主人了。拜拜！"

突然，我感到自己又回到了那片丛林。而这神灯已经不见了，只有土地上一个茶壶形的印记证实了它的存在。

智 能 拐 杖

黄子涵

星期天，我来到一个展览会，看到了一根带有龙头的方形长柄拐杖，有餐桌腿那样粗。我把拐杖拿在手中，细细端详，莫名其妙地，突然像被人控制了似的，我不由自主地走上了主席台。

在一阵热烈的掌声中，我咳了咳，向一群好奇地盯着我手中拐杖的人介绍了起来，"大家好！这是我的发明……"

"它适合老年人，具有防摔功能。用手紧紧地握着握柄，如果摔下去了，杖管里面的弹簧会长出精灵般的触须，紧紧地吸住地板，从而起到防摔的作用。"

"这个拐杖还有一个功能——召唤功能。它装有智能懒人系统，按黄色键就可以召唤一辆小小的电瓶车，车座下安装了防盗指纹板，懒人们不用再挤地铁了，可以轻轻松松地赶去上班。当然如果你感觉推着一辆电瓶车太累，在公司上班没地方存放电瓶车，可以再次按黄色按键，电瓶车会自动启动，把电瓶车驶回去。"

"拐杖的中间部位有一个红色按钮，内有智能芯片，可以让亲人保存一个电话号码，若有老人得痴呆症，迷失在茫茫的人海中，按红键就可以给亲人发短信和定位。里面还有一个小型医药箱，药品齐全，以备不时之需。更有趣的是还有一个暗格，里面备有食物，老人如果饿了，拐杖能感应到，自动弹出食物，让老人充饥。"

"丁零零——"手机响了，我伸手去接，手机却摔到了台下，我一睁开眼发现自己在卧室的地板上。噢！我恍然大悟，我是在做梦呀。

唉！我真希望梦想成真呀，噢！只要我努力学习，掌握本领，将来一定能把它制造出来。

追寻梦中的绿水青山

让地球妈妈永披绿色时装

李珊妮

每当闲暇之余,我总是情不自禁地沉浸在奶奶以前生活的画面中:身边有青翠欲滴的参天大树环拥着,脚旁有清澈的潺潺溪水缠绕着,耳边有微微的清风徜徉着;我展翅穿越了原始森林,我亲眼见到了游鱼舞蹈,我兴致勃勃尝试着竹筏漂流……这一切的一切犹如巨大的磁场深深地吸引着我,让我心潮澎湃,久久不能平静……

我自小生长在楼房里,眼前所见的是人来人往的街道,耳边是嘈杂的汽鸣声。除了人们家养的宠物,几乎见不到天空中自由翱翔的鸟。以前奶奶告诫我回家要洗手,说的总是这样一番话:"现在外面到处都有细菌。不像以前河里的水捧起来就能喝,树上的果子摘下来就能吃。"

这个世界,一切都是公平的!你伐树,引来风沙铺天盖地;你排放污染的废气,引来酸雨成片成灾。我们每天用掉的资源非常庞大，同样节约起来也会非常可观。

　　大家可能不会忘记去年中秋节，那让人谈起来又惧又恨的"莫兰蒂"，在这个原本合家团圆的节日里，成了万众瞩目的对象，多少人为此倾家荡产，多少人为此流离失所，多少人为此而与亲人阴阳两隔……是啊，这是一场可怕的天灾，可我们是否该好好地反思一下，为何会有这样的天灾出现——为了加快生产，我们群建工厂，排放废气废水；为了方便生活，我们使用一次性筷子，用完随手扔掉；为了美观舒适的家，我们不遗余力砍伐树木、打造橱柜、铺设地板。我们的所作所为是带来了各种好处，但同时也破坏了自然生态。

　　现在，我们的身边可谓高楼林立，俨然是一个现代化的大都市。我为这里的飞速变化感到欣慰，但也为逝去的自然景观感到可惜。"千金难买早知道"，不能够总到灾难发生了才知道后悔，我们为什么总要在一个物种灭绝后才感到后悔？我们为什么只有在酸雨降落后才知道要节制？我们为什么一边在东边鼓励植树一边却在西边拼命砍树？难道不知道一棵参天大树要生长几十年，甚至上百年，而把它砍倒却只需短短几分钟……

　　无论以前做过什么，从现在开始，我要从自己做起，节约纸张，没有写完的作业本不随便更换；节约用水，淘米水用来浇花，洗脸水用来冲厕所；节约用电，不到很热的时候就不开空调，用电风扇或扇子。为环境尽一份力，让自己受益，让子孙受益，让地球人不后悔。

不要让我们的后人眼睁睁地看着最后一片树叶落下，不要让世界上最后一滴水成为眼泪。让我们积极行动起来，努力创造青山绿水的环境，让地球妈妈永披绿色的时装，永远四季分明！

保护青山绿水，呵护我们的家园

黄燕瑜

最近我们复习了不少古诗名句，更是领略了诗人们自由自在地遨游于祖国大好河山的美好，我们仿佛也像一位位悠闲自在的诗人般坐在窗前，举头望明月，俯首品清茗，沉醉在温馨宁静之中。

走入林中，眼看枫叶落，"停车坐爱枫林晚，霜叶红于二月花"的美丽枫叶图，让我沉醉在静谧雅致之中；身居水滨，呼吸新鲜空气，"遥望洞庭山水色，白银盘里一青螺"，享清新脱俗，令我沉醉在磅礴大气之中。美丽的景致使我沉醉其中，久久不能忘怀，细细回味，仍有意犹未尽之感。"孤村落日残霞，轻烟老树寒鸦。一点儿飞鸿影下，青山绿水，白草红叶黄花。"虽有些萧索，却隐藏不住秋景的美丽。这些都会令我沉迷其中，令我心醉，行走在青山绿水间，陶醉在梦境般的诗中。

然而，每当我回到现实中，我那美好欢快的心情也会被一扫而空。到处寻找，大文豪笔下的绚丽多彩的山山水水为何都不见了呢？现在，我眼中所及的是城市里的高楼大厦，再也找不到"两个黄鹂鸣翠柳，一行白鹭上青天"的那种惬意。

前不久，爷爷拿着心爱的鱼竿去村西的河里钓鱼，半天过去，空手而回，他的眉头从此没舒展开。爸爸安慰他："您老眼力下降了，钓鱼的技术自然不如从前，钓不到鱼有什么不开心的，现在街上啥鱼没有，想吃我马上给您买回来。"可是爷爷深深地叹了口气说："是啊，鱼可以花钱买到，高楼大厦也能买到，可咱们村西那百年流淌的清清的河水能花钱买回来吗？我哪是为鱼，是为河里那又脏又臭的水啊！你们说，现在别说鱼虾，就是以前那绿绿的水草都不见了。现在哪里的水是干净的呢？恐怕连我们喝的水都是脏的了。'孤舟蓑笠翁，独钓寒江雪'的感觉再也不会有了……"爷爷感伤地诉说着。爷爷的话震撼了我们全家人。

每当看到电视上有关哪里的山被挖了，河被填了，爷爷都会忍不住皱起眉头，他的脸色变得凝重忧郁。他自言自语地说："金山银山不如绿水青山啊，吃鲍鱼海参也不如看蓝天白云。"

"六一"儿童节，爷爷给我的礼物是一辆崭新的自行车。爷爷语重心长地对我说："孩子，你长大了，今后不用爸爸开车接送你上学好不好,我们要从自身做起,以自己小小的力量为环保做点儿实事。千万不要百年之后让我们的后代因为臭氧出现空洞而不敢晒太阳,让我们的后代因为大气中的化学物质而不敢呼吸空气……"

是啊,叔叔阿姨,爷爷奶奶,我以一个孩子的身份恳求你们,如果你爱你们的孩子,就拿出行动来吧,倡导低碳生活,保护环境,爱护花草树木,节约每 滴水。

守护青山绿水

李瑞瑜

阵阵狂风卷起沙尘在天空中肆意打着滚儿，扬起的塑料袋被狂风任意地摆弄着，满眼所见的不是青山绿水，而是灰蒙蒙的天空，干枯的树木，世界变成了灰色的。我的心里总是想着：请还给我一个绿色的家园，好吗？看见漫天飞舞的沙尘，污染着绿色的家园，一堆沙尘也污染着清澈而又甘甜的泉水，再加上人们滥伐树木、乱扔"白色垃圾"……使绿色难以抵挡黄色的沙漠，沙漠的污染"计划"已经行动了，人类如果再不及时为地球种树绿化环境，等到地球变成一片荒凉、一片沙漠再种树就来不及了，难道你会眼睁睁地看着自己绿色的家园消失吗？

沙尘暴和洪水破坏了我们可爱的家园，原本童话般的王国就这样被冲刷得遍体鳞伤，这些都是我们人类一手造成的。

人类，睁开你的双眼吧！为大自然植树造林吧！让你的家园更美好吧！

　　人类只有一个地球，地球的生态环境是人类生存的最基本条件，保护地球的生态环境是人类社会持续发展的基本保障，保护地球生物，尤其是绿色植物，保护地球上的生命，就是在为我们人类积累财富。

　　还我一个蔚蓝的天空，留我一个绿色的大地，让我们一起行动起来保护环境吧！

为美好的明天努力

黄凯杰

祖国，是一个多么亲切、多么光荣、多么神圣的字眼儿！

同学们，你们知道吗？当罗姆人拖着他们的车队流浪于世界各地的时候，迎接他们的不是热烈的掌声和真诚的喝彩，而是不善的白眼与无尽的歧视。你们知道这是为什么吗？因为他们没有自己的国家！

哦！祖国，可亲可敬的祖国，如春天芽苞中孕育的新绿，将身影深深烙在我幼小的心灵里。可是我们伟大的祖国，曾经经历了怎样的凄风苦雨，曾经度过了怎样严酷的寒冬啊！

忘不了，湖北沙市的刺柱上，那醒目的文字仍在无声地控诉；忘不了，尸横遍野、血流成河的南京城；忘不了，"华人与狗不得入内"的标牌。几多屈辱，几多哀痛，几多苦难。这些让人难忘的民族耻辱啊！

没有礁石的阻挡，哪能激起美丽的浪花？的确，经历过暴风雨的海燕，更加英勇；经烈火淬炼过的钢铁，更加坚硬。奔腾的黄河哺育着世世代代的炎黄子孙，滔滔的长江年年岁岁翻涌着智慧的巨浪，印证着祖国的繁荣昌盛。

少年强，则国强；少年富，则国富；少年屹立于世界，则国屹立于世界！冰山上的雪莲教会我们坚强，天空中翱翔的雄鹰教会我们勇敢，遨游天际的海燕教会我们顽强、乐观。虽然今天的我们不需要经受战火的洗礼，也不需要担心国土的沦陷，但是，我们却有责任、有义务接过前辈的接力棒，尽自己最大的努力为祖国的富强奉献一份自己的力量。

让我们把真情捧出来，把赤诚捧出来，化作长城上的一块砖，化作长江里的一朵浪花，化作昆仑山上的一朵白云，为了我们的未来，为了祖国美好的明天，一起努力吧！

五星红旗迎风飘扬

黄海燕

清晨,金色的阳光洒满了大地,校园里盛开的鲜花显得格外娇艳,一棵棵树木也变得更加翠绿,同学们怀着激动的心情列队来到操场,大家秩序井然地站在各自的位置上,等待着升旗。

升旗仪式开始了,全体少先队员庄严地肃立着,向五星红旗行着队礼。当我看到鲜艳的五星红旗随着雄壮的国歌乐曲声冉冉升起时,激动得不禁流下了眼泪。啊,五星红旗,你是新中国的象征,你是中华民族的骄傲!

望着鲜艳的五星红旗,我仿佛看到了井冈山的星星之火,遵义城头的霞光,长征路上的烽火,延安窑洞的灯光……是啊,祖国战胜了多少苦难,才得到今天的解放,我们怎能不珍惜今天的幸福时光?是热爱家乡的父老乡亲使我们有了自己的校园,是村领导和家乡的企业家们慷慨解囊，帮我们建起了电脑室，添置了体育、音乐、自然等各项器材，让我们能够有一个舒适的学习环境。

望着这鲜艳的五星红旗，我仿佛看到了新中国成立前的革命先辈们，他们为了祖国的新生不惜抛头颅，洒热血……我仿佛看到新中国成立初期各行各业的叔叔阿姨们，他们为了祖国的新生，不断地努力着，拼搏着；我仿佛看到了女排的大姐姐们，为了夺得世界冠军，让五星红旗在国际赛场上高高飘扬，她们奋力拼搏，为祖国赢得了荣誉。是啊，我们应该以一位位先辈们，以女排大姐姐们为榜样，努力学习，报答社会各界的叔叔、阿姨们的关心，为振兴中华贡献力量。

眼望着五星红旗，我不禁抚摸着胸前的红领巾，暗暗下定决心：为了祖国的未来，为了不辜负党和人民的期望，我一定努力学习，让五星红旗世世代代在祖国的蓝天上飘扬。

在嘹亮的歌声中，升旗仪式结束了。那响彻校园的歌声久久地萦绕在我的耳边，那迎风招展的五星红旗深深地铭刻在我的心中。

祖国在我心中

戴欣欣

一把黄土塑成千万个你我,静脉是长城,动脉是黄河。

五千年的文化,是你生生不息的脉搏;五岳、黄山,是你苍老美丽的面庞;五湖四海,是你涌动的血液。这就是你啊,我的祖国。

祖国的天,"萧瑟秋风今又是,换了人间",祖国的地,"红雨随心翻作浪,青山着意化为桥"。

祖国啊,我亲爱的祖国,你的骄傲我们铭记着;你的屈辱,我们又怎能忘记?

一度遥遥领先于世界的中华文化,到了近代竟衰落了。封建统治者妄自尊大,闭关锁国,我们脱离了世界,世界甩落了你。《南京条约》《北京条约》《马关条约》,火烧圆明园!南京大屠杀!你那一道道伤痕,我看在眼里，记在心底！

祖国啊，你的儿女爱你在心中！解放战争，改革开放三十年，我们努力着，振兴你！富强你！

汶川地震，让祖国人民的心拧在了一起！

神舟飞船一飞冲天，再一次演绎了中华民族的飞天梦想。

北京奥运会的成功举办，实现了中华民族的百年梦想。中国以顽强拼搏的精神与实力获得了金牌总数第一，创造了历史新纪元。

"祖国在我心中"，简简单单六个字，道尽了多少中华儿女的心声，正是因为一颗中国心，革命先烈抛头颅，洒热血，奥运健儿奋勇拼搏，屡创辉煌。正是因为一颗爱国心，每个炎黄子孙看到迎风飘扬的五星红旗，都会热血沸腾，壮志激昂。

英雄长已矣。古往今来，一个个惊天地、泣鬼神的故事，都讲述着一个简单而朴素的信念——祖国在我心中。

作为祖国的骄子，新时代的宠儿，风华正茂的我们该怎样迈开走向世界的步伐？努力学习吧！同学们！

一代伟人毛泽东面对祖国的壮丽河山，写下了不朽的诗篇："江山如此多娇，引无数英雄竞折腰。"今天，我们更有理由坚信："数风流人物，还看今朝！"

我最爱的一本书

林小宇

高尔基曾说过:"书籍是青年人不可分离的生命伴侣和导师。"记得上学后接触到的最厚的书便是字典。当时小小的身躯却每天都要承受书包巨大的重量。也许是因为年龄太小的缘故,不懂字典的重要,不懂得它所给予的帮助,每天要在书包中塞上字典,对于它的重量,有一种厌烦。

在小学一二年级的时候,语文书上每篇课文的字数虽然不多,但对于刚刚接触学校,刚刚开始学习的我们来说,已经有不小的难度了。每天都要去预习,书中大量的陌生的字,便要用字典一个个去查,一个个标上拼音,生怕在第二天老师要求读课文的时候变成一个"白字先生"。

到了三四年级的时候,用到字典的次数渐渐地减少了。但已经习惯了每天在书包里放上一本字典，遇到不会写的字，不懂含义的词，便翻开字典查一下。一天一天慢慢积累下来，脑中的词汇也就越来越多了。写作文的时候，既可以表达相同的意思又可以用不同的词，不会感到过于重复和啰唆。

五年级的时候，记得最清晰的一次是考试要用字典，但是老师并没有预先通知。其他班级的同学下课纷纷向低年级的同学去借字典，只有我们班的同学很安定地坐在班级中复习。因为每个人都带着字典，这是经过几年养成的好习惯。那次考试，我们班的平均分至少比其他班高出了一点五分，因为我们有充分的时间来准备考试，而其他班则在忙着借字典。班主任老师为此感到很欣慰，也很开心。

转眼，已经读六年级了，字典用到的次数可以说是屈指可数，渐渐地被人们放到了角落中。但是它的重要性却从不曾有丝毫的减少。对于我来说，字典的影响是无法用言语来形容的。它不像老师一样活生生地存在，但它却比老师的知识更加渊博。它犹如一盏明灯，能照亮我们前进的道路；它犹如一把钥匙，能开启心中的智慧之门；它就犹如一笔无形的财富，能丰富我们的人生，使其不再无知，不再乏味。

珍惜生命

——《苍狼》读后感

黄秋英

在我房间里的书架上有许多课外书，我几乎全部读过了，每一本的内容都十分精彩。其中，我最喜欢的，是一本关于狼的书，这本书我已看了两遍，十分好看，书名叫作《苍狼》。这本书主要讲了一只狼由于背叛了头狼，被逐出狼群，成为一只独狼。它历经千辛万苦，终于与一只雌狼结为夫妻。雌狼在养育小狼时，不停地躲避独狼，即使独狼找到它们，雌狼也会重新寻找住处，独狼紧跟其后，雌狼最终还是接纳了它。独狼与雌狼一起哺育着孩子们，直到狼族发生了一场战争，独狼为了保护自己的家人在战场上牺牲了。雌狼伤心地带着孩子们渡海。途中，小狼被鹰咬死了，但它没有松口，死咬着母亲的尾巴，它用生命保护着弟弟……

我为独狼关心同伴的品格而感动,我为独狼不怕牺牲的精神而震撼,我为独狼永不放弃的品质而鼓掌。它是一只多么不同寻常的狼啊,它为了同伴,为了妻子,舍弃自己宝贵的生命。

独狼的生活中最重要的就是亲情,它为了寻找这伟大的亲情,弄得遍体鳞伤,最后失去了宝贵的生命,才找到了亲情。独狼的奋斗精神是值得我们学习的,它用自己的血肉之躯护了大人和孩子,可老天还是夺走了一只小狼的生命,独狼多么伤心啊!

《苍狼》是我最爱的一本书。它告诉我们要爱护动物,去保护它们,和它们成为朋友,让动物朋友们和我们一起生活在这美好而幸福的家园吧!

我与《科学家的故事》

黄书涵

妈妈给我买了许多书,其中我最喜欢的要数《科学家的故事》。

这本书使我知道了天才并不是天生的,而是靠自己勤奋学习得来的。伟大的发明大王爱迪生就是一个很好的榜样。

爱迪生小时候由于家里穷,很早就辍学了,他在火车上卖报纸维持生活。他对科学实验很有兴趣,一边卖报纸,一边坚持自学。

最使我难忘的是,有一次,体育老师选我去参加学校的篮球队,我可高兴了!想象着自己就是乔丹、就是姚明,兴致勃勃地参加了。没想到篮球训练是那么辛苦,每天早上一来到学校就要慢跑四圈球场,然后再快跑四圈,最后还要做六组仰卧起坐……一天下来,折腾得我腰酸背痛。我打起了退堂鼓，什么乔丹、什么姚明离我是那么遥远。第一次训练回来，我浑身像散了架似的，一头倒在床上不想起来，打算第二天无论如何也不去受这份罪了！

晚上，我照例做作业，做完作业，无意中又翻开《科学家的故事》，书中的内容太熟悉了，爱迪生高大的身影不断地在我的眼前闪动，为了实现自己的理想，爱迪生付出的代价不是更大吗？而我这点儿苦算什么呀，想到这儿我的脸红了。

第二天，我照样精神抖擞地出现在运动场上，我满怀信心地跑了一圈又一圈，汗水不断地从我的额上流下，渗透了我的衣服。我咬紧牙关坚持完成了老师规定的训练任务，得到了老师的表扬。一起训练的同学都竖起了大拇指对我说："你真棒！"

我知道，是《科学家的故事》让我克服了重重困难，懂得了做人的道理。这本书将陪伴着我，激励我不断地前进！

我也要像钢铁一般坚强

蔡志英

人应该怎样活着才有意义呢?

保尔·柯察金用行动回答了这一问题。他在残疾后,毫不灰心,还要顽强学习,努力工作,并且开始了文学创作。后来他双目失明了,这对于已经瘫痪的人来说,又是一个多么沉重的打击呀!可是经过顽强的努力,他终于成功地写出了小说《在暴风雨诞生》的前几章。读着读着,我禁不住热泪盈眶。保尔这样一个普通的战士,竟有比钢铁还要坚强的意志。

面对困难、苦难,意志薄弱的人掉头就跑,然而意志坚强的人却勇往直前,成功自然属于后者。人生在世,谁都难免会遇到崎岖坎坷,有些人会束手就擒,有些人则会勇敢拼搏。拿出一种精神,勇往直前,我们就会看到阳光。

哲学家曾经说过:"苦难是一所学校。许多人的生命之所以伟大,都来自他们所承受的苦难。最好的才干往往是烈火中锻炼出来的。"苦难能磨炼人的意志,激发人的潜能,折射出光辉的人格魅力,保尔就是最好的例子。

现在大多数的家庭条件变好了,在优越的环境中长大的我们,根本没有了吃苦的意志。殊不知,一个人要有所成就,能够担当大任,必须首先经受磨难,接受各种考验,具备不屈不挠的精神,才能有所成就。爱迪生那句名言"天才是百分之一的灵感加百分之九十九的汗水"说明了一个道理:一个人只有经受得住苦难的磨炼,他才能取得成功。

我们作为新一代的青少年,不用像保尔那样有铁一般的意志,只要我们踏踏实实地走好每一步,定一个目标,哪怕很小很小的目标,只要坚定地去追随,就会终身受益。

最后让我们记住一句话:一个人如果具备了坚强的意志,那么他就能克服前进道路上的种种困难,百折不挠,坚持不懈,直至成功。

购物插曲

蔡子怡

祖国像一位和蔼可亲的母亲，时时关注着我们的成长；祖国像一只鹰，一只腾飞而起的鹰，时时带领我们搏击长空；祖国像埋在地壳里的岩浆，为了冲破地壳，为了那一天的辉煌，它默默坚守着……

几十年转眼一瞬间，也许只是茫茫青史中的一小段，也许对我们这个拥有五千年文明的古国来说，那根本就是沧海一粟，不值一提的。祖国的面貌改变了许多，瞬间变化得让人刮目相看。祖国还没改变面貌时，各方面物资都很缺乏，很多科学家由于在本国没有找到适合自己的岗位和更好的发展条件，他们只得流落异乡，到其他国家去发展了……这满目疮痍的落后面貌与现如今这头奔腾的东方大雄狮相比简直是天壤之别。

在一个晴朗的星期天，我和爸爸在超市里遇到一件说起来有点儿让人啼笑皆非但又发人深思的事情。一位老人家在收银台等着付钱时，看到一位女士提着大包小包的东西，竟然没有付账就大摇大摆地走出去，那位老人家一看这架势就急了，他赶忙对着保安挤眉弄眼，不断打手势让保安注意眼前这位女士。可谁知保安不但没有阻拦，相反，还帮女士提东西……老人家一个箭步冲上前去，一手拉住一个，硬说要拉他们到公安局。大伙都被这老人家的"突然行动"搞得莫名其妙，经过大家的劝阻，才说服老人家到保安室说明情况。当时这位女士不知道怎么回事，还以为碰着了一个"疯老头"呢，保安就更摸不清状况了。保安问："老人家我们哪里得罪了您吗？或是您和这位女士有过节吗？要不您为什么要送我们上公安局呢？出了什么事？"老伯伯义正词严地说："她买了东西不付钱就要走时被我发现，你这个小伙子作为超市的保安，不但不抓住她，还帮她拎'赃物'，你胳膊肘儿往外拐啊，要在以前你可是要挨枪子儿的。"女士听了，哭笑不得地说："大爷，您误会了，我是用银行卡付钱的。"保安听了说："老人家，你是不知道现在的社会发展速度很快啊，钱就藏在这张银行卡里，很好用。"老伯伯还是半信半疑，那一张小小的卡里就能藏那么多钱？我不信。你们瞧我身上才多少钱，就把个钱包装得鼓鼓的，可它……大家伙见说不通，就领着大爷到刷卡机前，详细地为大爷介绍这个刷卡机的用途。我还不时插上一句："大爷，这您可落伍了,现在无论到了哪里,只要一卡在手就不愁了!"老大爷似懂非懂地说:"那卡就那么好用?那每个人都不用挣钱,只要有一张卡就不愁吃穿了。"大伙儿一听,全都扑哧一声笑得前仰后合,"不是,不是,这钱是我们预先存在银行卡里的。"有人解释说。大爷叹了一口气说:"从前,哪像这样,钱多了怕丢了,要藏起来,怕被偷了,还要加一把锁。唉,时代不同了,我们这些老人家都落伍了,时代进步了,中国也变样了。"老伯伯连忙向这位女士赔礼道歉。

这个小小的"购物插曲"却给我上了生动的一课,国家这几十年的变化,让人感觉耳目一新,时代发展的速度的确很快。

祖国的改变,让我们感到自豪与骄傲,我们也可以与外国相互沟通,交流文化。祖国让我感到很温暖,我爱你,我和你,会一起手牵手地成长。

爱车"无家可归"

王馨悦

"嘀、嘀、嘀……"一阵接一阵的鸣笛声,把我从书海中拉了出来,你可知我在看什么书这么投入吗?我呀,正怀着无比兴奋之情在阅读《辉煌六十年》这本书呢!为了写好这一篇读书征文我得先看书,可没想到,一看就入迷了,没法停下,于是我一鼓作气把整本书都"啃完了"。这不,还在回味时就被一阵阵的汽车声给打断了。怎么回事呢?小区又堵起车了。奇怪,小区里的车怎么与日俱增呀,每逢上下班时都能见到这样堵车的场面。看,小区里的车位满满的,奔驰、宝马、本田、大众、雷克萨斯……以前只有在外国影片中才能见到的车现在在我们生活的小区里随处可见了。唉,现在连买个车库都好困难呀,原本可算豪门贵族才拥有的奔驰、宝马也就只好"委屈"了,只得流落在外,到物管后面的水泥地上"安家"

了。那一阵阵汽车笛声，像是在吹奏着一曲曲动人的改革开放的庆祝曲。

　　好奇心驱使我想去调查一下我们小区里到底是不是有这么多的车，还是他人借此机会霸占我们的领地，或是小区里有什么喜事，请来这么多的客人呢？说干就干，我立刻拿起一本书飞快地卷成圆筒状，呀，前面有一辆车正朝我缓缓驶来，那位驾驶员刚出车门，我就大胆跑过去，递过"话筒"，问："叔叔，请问这是您的车吗？"那位叔叔先是一愣，接下来喜笑颜开地说："那还用问，当然是啦！"我客气地说："谢谢叔叔！"我又连续"采访"了好多人，答案如出一辙！我又来到小区的中心路口，计算一分钟来回开过多少辆汽车。"一，二，三……"正当我兴致勃勃地数着时，一位大妈一路小跑地过来了，手里死死地拽住一个小男孩儿。她边喘气边说："现在小区里的私家车太多了，走路要小心一点儿啊！别到处乱窜啊！孙子，慢点儿！慢点儿！"我开心地笑了，原来，果真是小区里的私家车多了啊，这不正说明了老百姓的生活富裕了吗？他们的钱越挣越多，买私家车也不算什么了。小区里各式各样的车子好像在庆祝我们的社会慢慢地强大了，人民的生活越来越富裕了。还没等我继续想下去，后面又传来汽车喇叭声。流动人口的问题要解决，看来，接下来，我们小区的主要任务，是得解决这些流动"车口"的问题，让这些爱车们也有自己的归所……

小区里的车多起来了，这不正说明我们的社会在大踏步地迈向新的世纪，此时，我真想引吭高歌："没有共产党就没有新中国……"

车子带来的"烦恼"

汪婷婷

"小鸟在前面带路,风儿吹向我们……"你一定想问我为什么这么高兴吧,我也正想一吐为快呢!告诉你:我家有小汽车了,这是一件天大的喜事吧,有车的还不光是我们家,"有车一族"可谓是"比比皆是"呀!不知从什么时候开始,我渐渐发现我们头上的天空不再那么明朗,空气也不再那么清新,与之形成鲜明对比的是,道路越修越宽,可交通堵塞的现象却越来越严重;路上的汽车越来越多,而出行却越来越麻烦,交通事故的发生更是越来越频繁。

有一次,我要去学画画,爸爸的车却堵在路上没法来接。妈妈只好带着我乘公交车去活动中心。刚进入市区,车速就明显慢了许多,司机还不时地刹车,停车。我忍不住往外探脑袋,定睛一看,原来前方堵车了。只见大大小小的车子排成了一条长龙,前不见头,后不见尾!车群像蜗牛一样慢慢向前爬行着。这么多车子挤在一起,发动机散发出的热浪扑面而来,远处还飘来阵阵刺鼻的汽车尾气,让人感到非常憋闷,熏得我直咳嗽,胃里也开始翻江倒海。二十分钟过去了,路面上还是不顺畅。我不禁暗自诅咒:这道路修那么宽有什么用呀?还不是一直堵车?真是浪费资源!

苦苦挨了好久,终于到站了。我下了车,啊!终于可以透口气啦!可没想到这车站的情况更是糟糕:马路上尘土飞扬,熏得人睁不开眼睛,汽油的味道更浓了。"我是一只小小、小小鸟,想要飞却飞也飞不高……"快救救我吧,我们只能捂着嘴,眯着眼睛,缓缓前进。过马路时,川流不息的车子让我有些毛骨悚然,我紧紧抓住妈妈的手,紧张地左顾右盼。我们只好趁绿灯的间隙,小心翼翼地在车流之中穿行。到了下午两点,我们才赶到教室,唉!我迟到了整整一节课呢!

这样的乘车经历还不止一次,几乎每次去市区都会遇到类似的情况。我也曾天真地想:要是卡特没有发明汽车该多好啊!可这是不可能的呀,离开了这些交通工具,我们已经"寸步难行"。我认为,为了大家的健康,我们应该少开汽车,多骑自行车或步行。我们的政府最好能大力发展绿色环保的交通工具,比如,太阳能汽车和液化气车等,鼓励人们骑自行车出行,在城区倡导"出行以公交为主，限制私家车数量"的交通理念，减少汽车尾气的排放，改善城市交通拥堵的状况，还城市一片明朗的天空，我们就能有一个更加健康美丽的家园！

家乡的大海

王书晨

暑假到了,我回到了日夜盼望的家乡,看到了我朝思暮想的大海。在接近黄昏时,我们迫不及待地来到了度假村。刚下车就被眼前辽阔无边的大海震撼了,一望无际的蓝色海面,与天空融为一体,都分不清哪个是大海哪个是蓝天,十分壮观。看,那海浪一会儿轻柔地抚摸人们的小脚,一会儿却猛烈地拍击着海面上的礁石;黄昏下,金色的阳光照在蓝色的海面上金光闪闪,像金子撒在海面上一样漂亮;海边的人们追逐着浪花,与浪花一起嬉戏、打闹。

放眼望去,大海无边无际,夕阳下的天空似乎比往常更有诗情画意,它一会儿是一幅淋漓尽致的水墨画,一会儿却变成一只展翅欲飞的金色凤凰,引人联想翩翩,似乎进入了一个梦幻的世界!

当我光着脚丫子踩在沙滩上时,沙滩上细小的沙粒好像地毯一样柔软,用力一踩,沙子们调皮地跳上了我的小脚丫,痒痒的,好舒服呀!

这边,我又开始探索起大海的秘密来。海滩上有许多小贝壳,它们是那样的精致,就像艺术品一样。妈妈说它们就像是大海的小宠物那样小巧玲珑。看着手心里一颗颗美丽的小海螺时,我心底是那样的满足和骄傲。这就是我的家乡,它是这样美丽,这样可爱,这样气势磅礴。

回家之后,当我欣赏着爸爸为我拍下的与浪花一起合影的照片时,我感觉我的心还停留在那令我自豪的大海那里。家乡的大海永远是我最爱的地方!家乡的大海永远是我心中最美丽的风景线。

我 的 家 乡

詹晓钰

一片蔚蓝的天空,白云把天空衬托得如此美丽,清澈见底的小河,在耳边"哗啦哗啦"地流出水声,令我心旷神怡。而这里,是我心驰神往的家乡——闽清。

一棵棵垂柳,围绕着整个村庄,有时疏有时密,一阵风吹过,仿佛在为辛苦的人们伴奏,让他们解除一天的疲劳,安稳地进入梦乡。

小时候欢乐的记忆,让我回味至今,还记得那时天空中的太阳,犹如一个大火球,把我们晒得大汗淋漓。一位小伙伴想到了一个降温的好办法——下溪抓鱼。我们准备好一些渔网、鱼钩和小桶,卷起裤腿,笨重地下了河,一股清凉的感觉,透彻全身。我们开始各忙各的,不一会儿,伙伴们的小桶里,已经装满了五彩斑斓的小鱼。

回家路上有一条必经的小桥,桥边有点缀着零散的淡黄色、粉色的小野花,那是通往家的桥,被我称为"花仙桥"。那一只只各式各样的蝴蝶,不正是一位位在花丛中穿梭的花仙子吗?它们让家乡的花朵香气浓郁,不说香飘十里,至少前后十几家全都沉浸于小花的香味中。

我爱我的老家,山清水秀,车水马龙,一片热闹的景象,尤其到了夜晚,每栋楼里的灯都开了,大家相互串门,谈天说地,县城里没有酒吧,乡亲们串门聊天时,几杯美酒已盛在那玻璃杯中,拿起酒杯,一两口就把这美酒喝下肚,向好友诉说心事,在这里没有什么能阻拦你。夜色朦胧,乡亲们没有停止欢乐,夜空似乎明白他们还没聊够呢,没有让星星们撤离,而是让它们继续照亮夜空!

第二天一早,妈妈和爸爸就带我回到了福州,我在福州上学,并不能长久地居住在家乡,坐在车上我闭上双眼,仿佛看见风儿吹动着柳条,轻轻地抚过我的脸颊,耳边似乎传来了伙伴们戏水的声音,仿佛闻到奶奶做菜的香味和听到爷爷喊我吃饭的声音……原来,我从来没有离开故乡,因为故乡在我内心的最深处。

美丽的香格里拉

王一涵

我探访香格里拉是从丽江古城出发的。坐车溯江而上，两岸断崖绝壁，丛山叠峰，逶迤蜿蜒。时见水流湍急，旋涡相套，险浪相逐。山中有水，水中有山，山缠水绕，美若蓬莱仙境。车子驶过金沙江大桥，便进入香格里拉地域了。

下了车，山坡上的杜鹃花长廊，如同磁石般一下攫住了我的目光。世界上恐很难找到这样大片大片既开得茂盛又显得端庄大方的杜鹃花丛了。它们像织不完的锦缎那样绵延，直铺到半山腰的杉林旁，如无边的丹霞那般耀眼，呈现出喷涌之势，连阳光都被薰染成香的了。

走进花丛，有的花大如碗，宛若沾着露珠的红玛瑙在灼灼燃烧。有时心灵也会充满光辉，也会在短暂的瞬间物我两忘，使自己的身心与大自然拥抱在一起。

据当地人说，传说香格里拉的湖泊是仙女梳妆时不慎失落的镜子碎片，而碧塔海就是这些碎片中镶着绿宝石的最美的一块。碧塔海被安放在环立如屏的青峰间，看上去水波不兴，静若处子。

我沿着湖畔茂林修竹中弯曲幽僻的小径，登上了一刳木小舟。小舟沿湖边缓缓移动，从岸边杜鹃树上飘下的落英，一瓣瓣，一片片，一层层，浓红的、粉红的、绛红的，银白的、乳白的、雪白的花瓣，流光溢彩，璀璨晶莹，像是要给这蓝色的湖面缀上天然的碎花图案。斯情斯景，很容易叫人想起宋人范成大那"镜平波光倒碧峰，半湖云锦万芙蓉"的诗句。独木舟向湖心荡去，深不可测的湖水越来越蓝了，是青蓝还是碧蓝，是宝蓝还是湛蓝，是士林蓝还是海军蓝，我说不出。我只能感叹，碧塔海是上苍滴落在这高原上的最富有诗意的"一滴眼泪"。

美丽的秋天

潘子钰

当带有麦香的微风拂过你的脸庞,当通红的太阳不再重复往日的暴怒,当你感受到一夜间弥漫天地的果香时,我可以告诉你:秋天来了。

清晨,漫步于田野,你会惊奇地发现,昔日高贵的麦子不知不觉低下了头,青翠的绿色变成了饱满的金黄色,风吹来,麦子轻轻摇晃,唱出欢乐的歌谣,站在天边的高高的土堆上,向远处看,一层一层金色的麦浪不断翻滚,像一群金色的小人在跳舞,欢庆这丰收的季节。

更远处,几个农民正在工作,他们利用铁锄唤醒沉睡着的花生宝宝,大地一片欢欣的景象。

在那天地交接处,有几座深灰色的小山,他们也为这丰收的季节换上了新衣裳,满山的红枫树飘洒着落叶,小山已经不再是深灰色了,变成了亮丽的金红色。看哪,连天边似乎也被染上了一抹淡淡的金色。

　　山旁有一处小溪，它灌溉了整个田野。听父亲说，这条小溪是田野的生命。春天，它清澈见底；夏天，它从不断流；秋天，它顺水带来许多小鱼，那可是鸡鸭的好饲料；冬天，它从不结冰。秋天，小溪送来一片又一片枫叶，像一张张贺卡，带来了属于大山的问候。长江是中国的母亲河，小溪是田野的母亲河。只要小溪流过的地方，便有广阔的天地，便有丰收的果园。

　　夕阳西下，金黄的余晖染黄了整个世界，我不禁为这金黄的世界喝彩！为丰收的季节喝彩！

伴你走过四季

春光很活泼

苏钰涵

春天到啦！天气慢慢地开始转暖了，万物苏醒，人们不须忍受冬天的寒冷了！

"沙沙沙……"春天下起了柔和的春雨，像是千万条细线从空中飘落下来，多美啊！你看，春雨多么辛劳啊！滋润着小草，滋润着大地。

小草多调皮呀！从泥土里钻了出来，舒服地伸了个大懒腰。小草为了快点儿长大，贪婪地吮吸着春天的甘露。它喝饱了，摆了摆鲜嫩而又强壮的身子，这一切多么可爱呀！

雨停了，小草们的头上忽然开满了各式各样、五颜六色的花，有红的、黄的、白的、紫的……真是看得人们眼花缭乱。它们争先恐后地展现自己的美丽，招来了许许多多的蝴蝶和蜜蜂。

瞧！活泼机灵的小燕子也从南方匆匆忙忙地赶回来了。它一身乌黑光亮的羽毛，一对俊俏轻快的翅膀，还有剪刀似的尾巴，可爱极了！有几对飞倦了的燕子，落在电线上。蔚蓝的天空中，电杆之间连着几根细线，多像五线谱啊！此时，停着的燕子便成了一串串会唱歌的音符，为春光增添了许多生机！

看！连可爱调皮的小朋友也在欢迎春姑娘的到来。小朋友们穿着雨衣在嫩绿松软的草地上打滚。他们为啥要穿着雨衣呢？噢！原来他们怕把自己的漂亮衣服弄脏了。多机灵的小朋友！春姑娘看见了，一定也会笑眯眯地赞扬他们呢！

春天呀！你送给大地的礼物真迷人啊！

秋天是彩色的

黄泽凯

秋天是红色的。那一片片，一簇簇红叶看上去那么可爱，充满生机，就像夜晚的彩灯，闪烁着五光十色的光芒。啊！原来是一片火红的枫林。"停车坐爱枫林晚，霜叶红于二月花。"多奇妙呀！

秋天是金黄色的。沉甸甸的谷穗子、玉米棒压弯了腰。一阵秋风吹来，起伏的稻浪好像波涛汹涌的大海，不时传来一阵阵"海水翻腾"的波涛声。农民伯伯跳着丰收的舞蹈，沉浸在喜悦之中。

秋天是黄白相间的。公园里百花齐放，但最让人百看不厌的是千姿百态的白菊。一朵朵，白得让人赞不绝口。在远处，一棵棵树上，一朵朵白中透黄的小花散发着一股诱人的清香，这就是百闻不厌的桂花。在这里能看到美丽的白菊花，能闻到黄桂花那诱人的香味，真是一种美的享受呀！

秋天是蓝色的。下雨了，绵绵的秋雨像一位姑娘在倾吐着自己的心事。雨过天晴，碧空如洗，蓝得使人心醉。一眼望去，好像是一朵朵白云给天空洗了个澡。湖水映着蓝天，也变成了蓝色。

面前，是一片草地。小草已经枯黄，可当中却盛开着不少野花，亭亭玉立，婀娜多姿。一大群穿着花花绿绿衣裳的孩子，围在一起，欢快地唱啊，跳啊……

啊，我明白了！秋天是五彩缤纷的，它有红色、黄色、蓝色……就像夏日雨后的彩虹……

我眼中的冬天

戴文泽

我眼中的冬天,就像个调皮的娃娃,它有时是那么美丽温柔,有时却又是那么冷酷无情。对于这个"善变的大家伙",我真是既喜爱,又抗拒。

说它美丽温柔吧,那肯定是有道理的!早上一起来,推开窗,看见外面下雪了。雪花柔软美丽,像无数仙女身着白色的舞裙,在空中翩翩起舞。晶莹的花瓣纷纷扬扬飘落下来,将大地装扮得格外素洁与美丽;像一只只雪白的蝴蝶,飞入大地的每一个角落,为孩子们展现她楚楚动人的风姿;像一个顽皮的孩子,永不疲倦地和人们嬉闹,拍打着人们发热的脸庞,化成滴滴水珠。洁白的雪花悄然无声地落下,不大一会儿,整个世界便是银装素裹了。我们扑到雪的怀抱里,打闹嬉戏,爬到树上摘冰凌、打雪仗、堆雪人、滑雪,玩得不亦乐乎,浑身上下都湿透了,仍不觉得冷，也不觉得累，一直玩到天黑，才恋恋不舍地回家。

说它冷酷无情吧，也是有道理的！它是一个铁石心肠的人。寒风刺骨般地吹着，我的手都冻裂、出血了，疼得不敢攥拳，但寒风依旧在吹，似乎没有一点儿可怜我的小手的意思。而且它还是一个不折不扣的强盗，它狠心地带走了叶子的生机，带走了花儿的美丽，带走了动物的活力。有时我真觉得它是一个超级讨厌鬼，大雪封道、坚硬成冰，给环卫工人带来那么大的麻烦，也给人们的出行带来不便，并且有时我们会被大人"囚禁"在家，这都是你这个调皮的家伙惹的祸呀！

这就是我眼中的冬天，让我欢喜让我忧的季节。

夏天的脚步

黄洪武

进入春天,既不冷,也不热,暖烘烘的,暖得让人直想睡,难怪"春眠不觉晓"。咦,正说着,怎么热起来了?夏天到了吗?我也不知道,出去看看也无妨。

仔细回忆一下,夏天最常见的或许就是蚱蜢了。踩一脚草地,还真有一两只蚱蜢跳起。细细看来,蚱蜢有绿色的,也有褐色的。绿的蚱蜢带着青草的委托,四处蹦跳,播撒着春意。褐色的蚱蜢被太阳晒得发黑,四处奔走,好像是告诉大家夏天的到来。那现在到底是夏天,还是春天?

我的窗前有一棵高大的柳树。因此,我对柳树也有不少的了解,从它身上应该能看出是春天还是夏天。嗯,茂密的柳叶压得枝条几乎笔直下垂,柳树挂着满身的绿叶,被风儿这么一"夸",得意地"摇头摆尾"。摘下一片叶子，微微朝里卷。根据我的经验嘛——对，夏天到了！

我来到了山上，忽地发现草丛间有一簇映山红。妈妈说映山红是春天开的。咦，春天？疑问又占据了我的脑海。仔细地观察，发觉它的花瓣还是那么娇嫩，充满了水分，依然有活力。怒放的花朵像是一张脸，在诉说着春天的美景。难道说现在还是春天吗？

阳光逐渐强起来了，我准备买支棒冰舔舔。不知怎么的，我总无端地觉得现在还是春天，吃棒冰似乎还不合适。可来到街上一看，舔着棒冰，戴着墨镜，穿着短袖衫的行人已经随处可见了。买了棒冰，舔着它，凉爽的感觉怎么会这么熟悉？像是以前感受过似的。啊，我知道了，现在正是夏季到来的时候呀！要不，怎么会感到精神格外振奋？

现在是夏天吗？不是的。是春天吗？也不是，那它到底是什么呢？是夏天的脚步，对，正迈向我们的夏天的脚步。

可爱的小金鱼

黄鸿锐

我最喜欢的动物是小金鱼。

小金鱼全身的鳞片是红色的,像一块块碎了的红宝石。它的身材又小又苗条,很可爱。它的眼睛小小的,像一颗芝麻粒儿。尾巴是红白相间的,很漂亮。小金鱼有四片红色鱼鳍,它用鱼鳍划水,保持身体平衡。

我只要把手在鱼缸上面一扰,小金鱼就把脑袋凑过来,以为我要给它喂食,小嘴巴一张一合的,还吐出了许多小泡泡,一副可怜巴巴的样子,挺逗人喜欢。我马上给它喂了两颗鱼食,它就赶紧把头凑过来找食吃。因为这条小金鱼太小了,不能吃太多,所以我每次只给它喂两颗鱼食。

小金鱼很贪玩,它吃完东西后就在鱼缸里游来游去,像小鸟在天空中飞翔。小金鱼玩累了就睡觉,睡醒了后又继续玩。这时候的它很精神。我想,等它长大了我就给它买个更大的鱼缸。

小金鱼就像我一样要睡觉,它中午要睡觉,晚上也要睡觉。小金鱼睡觉的时候就像浮在水中的塑料鱼,一动不动的。我摇一下茶几,小金鱼就醒来了,在鱼缸里游来游去,好像在大叫:是谁打扰我睡觉?我想:如果小金鱼知道是我吵醒它的话,它肯定会说:"你是个大坏蛋,竟然打扰本小姐睡觉!"它真是个贪睡鱼。

我非常喜爱我的小金鱼。

古灵精怪的小仓鼠

潘晶莹

告诉你们一个好消息,我有个朋友它人见人爱,花见花开,因为它极爱吃瓜子,所以我给它取名叫"瓜瓜",瓜瓜的毛如雪一样白,像老鼠的脸上嵌着两颗黑宝石,小小的耳朵一只黑一只白。我和它发生过许多有趣的事儿,不信,我就讲给你听一听吧!

第 一 天

好笑指数:三颗星。

当我们把瓜瓜带回家时,这只坏脾气的小仓鼠不停地上蹿下跳,试图逃出它的小笼子。我想逗逗它,便把手指伸了进去,它却一个激灵跳上去,紧紧咬住我的手指头不放。

因为痛，我条件反射用力甩了一下手，没想到用力太猛，忘了它只是一只"小家伙"。于是我顾不上自己的疼痛，连忙察看它的伤势，这小家伙竟然毫发无损，又绕着他的小屋悠闲地散起步来。

第 二 天

好笑指数：四颗星。

不知为什么，到了第二、三天，瓜瓜走路竟然有些吃力，也不像以前那样在笼中活蹦乱跳的，相反，他还会像喝醉了酒一样东倒西歪的。为此，我和妈妈都很着急，妈妈还给它做了特别按摩法。瓜瓜睡了一觉，真是姿态各异，有时像毛茸茸的球，有时四脚伸直，像死了一样。一会儿，背靠笼子的瓜瓜睡醒了，"特别按摩法"起效了，瓜瓜又生龙活虎地到处跑，一下子又像打了兴奋剂一样活力四射。

第 三 天

好笑指数：五颗星。

这一天，我要去外婆家，当然也得带上我心爱的宝贝瓜瓜了。我一路和它说说笑笑，来到外婆家，看到那儿刚好有些木屑，我便给瓜瓜换了些干净的木屑，不换不知道，一换吓一跳，瓜瓜竟然唱着歌，跳着舞，拍着手，翻着跟头，简直跟中了大奖没什么两样。

自从有了瓜瓜，我的假期生活不再那么单调，我爱我的小仓鼠。

我家的小白鼠

黄静文

昨天，我们家增添了一位新成员，它就是贪吃小白鼠——凯利。想知道它的美名从何而来吗？那就听我慢慢道来。

贪　吃

吃过午饭，我便拿了一些莴笋叶子去喂它，凯利似乎已经饿坏了，老远看见我就把前肢抬得高高的，不停地咂着小嘴。我打开笼子，将莴笋叶子塞了进去便走开了，大约过了一刻钟，我再去看它时，叶子已被它吃光了，可这家伙却一点儿也没有吃饱的样子，还是一个劲儿地向我乞求食物，嘴巴张得大大的，粉红色的舌头伸出老长老长，眼睛紧紧盯着我手中的菜园小饼，没办法，我只好把手中还没吃几片的菜园小饼连袋子一起塞了进去。

贪　玩

"凯利,别老晃来晃去,搞得我头晕目眩。"我望着凯利那好动的身影,不耐烦地叫起来。可凯利一点儿也不把我这个"长官"放在眼里,还是一个劲儿地折腾着什么。我走近一看,原来它正坐在笼内的钢丝绳上来回荡着秋千呢!瞧,它那摇头摆尾的样子,真是好悠闲哪!

贪　睡

玩累了,凯利便蹲在笼子的一头,蜷着身子呼呼大睡,把整个脑袋都缩在了身子下面,只露出两只紧闭着的眼睛。远远望去,似乎是一团毛茸茸的白色线团。我故意将笼子使劲儿晃了几下,可凯利却一点儿反应也没有,照样睡它的觉。我又打开录音机,把音量调到最高,响得差点儿把我的耳膜都震破了,可凯利却仍然无动于衷,而且好像比刚才睡得更熟、更香了。

怎么样,够贪睡的吧?不过,有了它做伴,生活更有趣啦!

小 白 兔

刘宇微

在这五彩斑斓的大千世界，有许许多多的小动物。有威风凛凛的大老虎，有蹦蹦跳跳的袋鼠，还有歌声婉转动听的小黄鹂……但是我最爱的只有活泼可爱的小白兔。

说起我第一次看见它时，还是刘青青生日那天，她邀请我去她家玩。我怀着兴奋的心情去了，因为我早就听刘青青说她养了一只小白兔。

到了刘青青家，她领我到小白兔那儿。只见那只小白兔被关在一个铁笼子里，正在悠闲地吃着大白菜。我仔细地打量着这只可爱的小白兔：小白兔长着一身毛茸茸的白色绒毛，远远望去就像一团棉花。小白兔的尾巴短短的，正应了那句歇后语：兔子的尾巴——长不了。怎么样，小白兔可爱吧？

小白兔吃食的样子更有趣呢！我接过空心菜，蹲下来，把空心菜撕成碎片。轻轻地放到它面前，小白兔先是向后退了退，好像在说："你是谁？我不认识你，最好离远点儿。"我往前凑了凑。小白兔也许是知道我没有恶意，并且看见刘青青在我身边，它往前挪了挪，两个小爪子并拢，按住了我递给它的菜叶子。它那红宝石般的眼睛不时地看着我，好像在对我说："谢谢你，你是我小主人的好朋友，那也是我小白兔的好朋友喽！""呵呵呵。"看着小白兔的憨样我情不自禁地笑出了声。

就要回家了，小白兔趴在窝边看着我，似乎也不想让我走，我依依不舍地离开了它。我安慰自己，反正明天还可以看见，我明天再去。谁知，没过几天小白兔便离开了人间。

在天堂的小白兔，你还好吗？

假如我是风

陈东晓

如果我是风,我要带着各种各样美好的心愿来迎接四季的到来。

春天,我有一个美好的心愿,变成一阵和风。我用我那柔和的旋律奏起新的曲子。我来到小河边,轻轻吹,小河解冻了,它高兴地哗啦啦唱起歌来。我轻柔地抚摸着柳树姑娘的秀发,她便悄悄地长出了嫩芽,还开心地跳起舞来。我轻轻地亲吻着孩童的面颊,经常陪他们嬉戏,把欢乐送给他们。

夏天,我满怀激情地变成一阵凉风。小草被火辣辣的太阳晒蔫了,树枝也耷拉着脑袋。田野里劳作的农民,更是汗流浃背。他们此时多需要风啊!于是我便驰骋在田野里,让人们感到无比的舒服,小草也挺直了腰乐呵呵地笑着。我把清爽、欢乐送给了他们。

秋天，我满怀喜悦变成一阵金风。在这个季节我便和落叶打起了交道，和他们一起跳舞。偶尔我也和孩子们一起玩耍，我陪他们放风筝。夜深了，我把孩子们一天的苦恼全都扫去，送给他们一个开心的好梦。

　　冬天，我满怀快乐化做一阵朔风。现在我没有任何玩伴了，我便暴躁地到处奔跑。小朋友们刚出来就被冻红了小手，但是他们玩得更开心。我刮来了漫天雪花，他们便打起了雪仗，在我的帮助下，他们高兴地把圣诞节的气球放飞。我毫无保留地把快乐带给他们。

　　假如我是风，我将许下无数心愿，送给人们无穷快乐，带给人们无尽的幸福，让这个世界变得更加和谐，更加繁荣。

假如我当上了老师

黄文彬

我的姑妈是一位教师，姑丈也曾经当过教师。我从小受姑妈、姑丈的影响，立志长大也要当一名人民教师。上学后，我非常尊敬老师，还常常遐想，假如将来我当上了老师……

忽然间，我觉得自己仿佛长大了，高高的个子，梳着整齐的长发，戴着一副超薄眼镜。许多天真烂漫的孩子围着我，向我行队礼，还不停地喊着："老师好！老师早！"我听了这些甜甜蜜蜜的问候，觉得自己真幸福。

每天我在同学们的簇拥下走向教室，太阳能和原子动力机系统组装的热电自动门缓缓打开。教室里，显微电波指控仪控制的各种竞赛台真是生动活泼、丰富多彩：有"小作家天地""小画家专栏""未来我是发明家""争当新星好少年"等。这些舞台上随时更换着优胜者的姓名。姓名旁边，有一颗星，每当你各科成绩优秀时，这颗星就会发光；每当你成绩下降时，这颗星就会暗淡，没有光亮。为了培养多方面的人才，课余时间，我组织了第二课堂活动小组。同学们根据自己的爱好，有的参加了"画画小分队"，有的参加了"音乐歌唱组"，有的还在"小小记者团"里当上了小记者，还有的在"现代科技站"里研究小制作……在我的指导下，同学们画出了祖国山河的美丽，写出了家乡巨大的变化，唱出了油田的曲曲赞歌，充分展示了特长。

许多年过去了，我成了白发苍苍的老婆婆。屈指一数已培养了上万名大学生。他们有的当上了画家，有的当上了作家，有的当上了歌星，还有的当上了球星……更可喜的是许多学生大学毕业后又回到家乡，成为油田建设的工程师、设计师……

我相信，我的理想不会落空，我的未来不是梦。将来我一定能成为一名出色的人民教师。

假如我是一棵树苗

李思齐

清晨上学,路边一排排的树,不但给我们带来了勃勃生机的景象,更重要的是,它能净化空气、美化环境,使人们能快快乐乐地生活。看到此景,我不禁想到,假如我是一棵小树苗,我的命运将会是怎样的呢?

假如我是一棵小树苗,在我从土里悄悄地钻出来时,便看到了自己所处的地方是一个多么美丽的大城市。但只看这一点是不能评判出这个地方的好与坏的。你听,刚说完就传来一阵刺耳的"嘀嘀"声了。你再瞧瞧,人行道上人头攒动,人与人前胸贴着后背。这个很大的交通堵塞问题,一下子就破坏了世界给我留下的美好印象。"呀!这是什么味儿,怎么这么难闻?"仔细观看,原来是那边化工厂飘出来的有毒气体。我心不甘情不愿地吸吮着,虽然不高兴,但是这样也能为人类减少一点儿污染,谁让我是小树苗呢？

　　现在，我已经长大了。我发现大城市一点儿也不像人们说的那样好，它最大的缺点就是污染太严重了。到处都是烟尘，还时常交通堵塞。说到这里，唉！我真后悔出生在这样肮脏的城市里，我感觉它不但不再像以前那样美好，反而变成了一个又挤又脏的世界。嘿，那边又来了一群孩子，我本以为他们是号召大家来保护我们的，却没想到他们把我们弄得东倒西歪。唉，幸好我没有受到伤害。难道这个城市就真的没有救了吗？

　　假如我是一棵小树苗，我不要生活在城市里，我要去空气新鲜、环境优美的乡村，那儿也是我的世外桃源。但是如果城市里没有了我们这些净化空气的小卫士，岂不是更糟糕？看来，我还是要生活在城市里，虽然随时都会有危险，但我应该更坚强，努力生长，为人类多做一些贡献。

假如我是孙悟空

江小婷

假如我是孙悟空，我会扫一堆落叶，轻轻一吹，这些落叶就变成一个个书包、一本本好书、一支支铅笔、一块块橡皮……我会把这些学习用品送给贫困山区的小朋友。那一刻，他们肯定会高兴得又蹦又跳，一双双明亮的眼睛里充满了感激之情。

假如我是孙悟空，我会建起一座座漂亮的城市，让全世界的人们都远离战火。从此，这个世界没有战争，人与人之间友好相处，象征和平的鸽子在天空中自由飞翔，这样的生活多么美好呀！

假如我是孙悟空，我会种下一棵棵神奇的树，等待它们开花结果。当树木开花时，花儿像金桂一样芬芳无比，像月季一样美丽娇艳，像芍药的根一样能治病，味道又像花茶一样清凉可口。当这种树结果时，那果子是蓝色的，比蓝宝石还要漂亮,比天空还要纯洁。这些果子像害羞的娃娃躲在满树的绿叶中,可爱极了!你摘下一个,用清水洗一洗,轻轻一咬,汁水便喷了出来,它的味道甜津津、酸溜溜的,让人感到清爽无比。它的果肉呢,还能像传说中的灵芝一样包治百病,而且可以长期保存。啊,这种树真是全身都是宝,连树叶和树皮都能增强人的免疫力呢!有了这样的树,人类将永远免受疾病的折磨。

假如我是孙悟空,我会变出一种环保液,把它洒向世界的每个角落。结果,不可回收的垃圾统统进了宇宙的黑洞,可回收的垃圾则被充分利用,整个地球,空气都清新了,河流都清澈了,树林都茂盛了,人类和动物的家园都变得更加美好了。

假如我是孙悟空,我不但要把这个世界变得非常美好,还要对大家说:"我们一定要保护好环境,创造出更加美好的未来。"

无 籽 西 瓜

郭婷婷

人间最伟大的爱，莫过于妈妈对女儿的爱。

我的妈妈是一位普普通通的工人，她不是很有钱，也没有令人垂涎的工作，可是她既刚强又温柔。我从咿呀学语的幼儿长到充满幻想的儿童，又从金色的童年长到勤奋学习的少年，妈妈一直用爱的乳汁哺育着我，把我照顾得无微不至。

夏姐姐送走了春姑娘，为树木披上了茂密的绿衣裳。

夏夜，是多么的闷热。"啪"一声响，又停电了，这让本已懊恼的我更加不快。老师为我们留下了一大堆的家庭作业，谁让我们已经开始慢慢长大了呢！升入五年级，无疑是让我们从快乐的小鸟，变成一只蜗牛。无奈，我只好放下手上沉重的笔，等来电后再"开夜车"。

"来，先吃一点儿西瓜吧！"妈妈亲切的话语在我耳边响起。大汗淋漓的我用手直接抓起来就吃。咦,这西瓜怎么没有一颗籽儿呢?一个疑团在我心中浮起。我又吃了几块,都没有籽儿。是无籽西瓜吧。我这样想着。几块西瓜下肚,我顿感凉爽许多。

窗外,月儿很亮很亮,仿佛有人带它去银河洗了一个凉水澡。月光照进窗子里,房里的一切好像披上了银纱,显得格外清幽。

猛地一抬头,我突然发现,那竟然不是无籽西瓜,西瓜上面明显留着一个一个的洞,那痕迹是妈妈用针挑过籽留下的。这时,泪水决了堤,马不停蹄地往下落,想到妈妈不顾炎热,一颗一颗把籽儿挑出,自己虽然很辛苦,却让女儿吃上"无籽西瓜"……

母爱是多么的伟大,它就像一股圣洁的泉水,哺育我们成长。这股涓涓细流不禁让我想起二年级时学到的那首诗《妈妈的爱》,妈妈的爱无处不有,无处不在。

"天下的妈妈都是一样的,狮子头还有红烧鸭,厨房是她的天下……"这首歌不由自主地在我的耳畔回响。

母爱是最无私、最伟大的爱!这件事使我深深地体会到了母爱的伟大。

"不用钱"的西红柿

黄伟江

"放学喽!"

"好香啊。"妈妈正在厨房里做着香喷喷的饭菜。"妈妈,我回来啦,你做的饭菜真香,我的肚子咕咕叫得好响。"

"卖西红柿喽,又香又红!"一阵清脆的叫卖声在小巷中回荡。妈妈灵机一动,说:"小馋猫,今天妈给你做西红柿炒鸡蛋,你去买西红柿。"妈妈便给我一元钱,叫我去买西红柿。她再三叮嘱我:"现在做买卖的都会用秤杆子唬人,别傻乎乎的,要看秤。"我记住了妈妈的话,拿着钱,向小巷尽头走去。

卖西红柿的是一位三十来岁的年轻人,当我来到菜摊前时,正巧他给别人称完西红柿,见我注视着他,便笑着说:"小朋友,来几个,又红又甜!"我把钱拽得更紧了，生怕被抢走。

瞧，果真像妈妈说的，做买卖的人，嘴多甜，能说会道，态度又好。哼，无商不奸，他企图用和蔼可亲的样子欺骗我，我才不上他的当呢，我暗自庆幸识破他的"诡计"。

"一斤多少钱？"我故作机警地问。

"一元一斤。"卖菜的叔叔微笑着说。

"买一斤，多一点儿也不要！"我故意提高嗓门回答他。

他弯下腰，一手拿着袋子，另一只手迅速地把西红柿装进袋子里，提起秤一称。我踮起脚尖，目不转睛地瞅着。"一斤一两，算一斤。"他把西红柿交给我，收了钱，又继续喊道："卖西红柿喽！"

我拿着西红柿，心里正美美地想着：这回让妈妈瞧瞧，我多厉害，还挣了一两呢！谁知天有不测风云，没走几步，脚底一滑，我摔了个四脚朝天，不偏不倚竟把西红柿压了个稀巴烂，我一屁股坐在地上，哭了起来，也不晓得是屁股痛，还是怕回去挨骂……

这时，卖西红柿的叔叔快步走到我跟前，用他的大手扶起我，并轻轻地抚摸着我的头，安慰着我说："别哭，哭了会变难看的，来，叔叔再给你称一斤。"

"可……可我没钱。"

"不要钱了！"说话间，他又称好了一斤，装在我的袋子里。我望着他那和蔼的面孔,激动得不知道该说什么才好……

我提着那几个感人的西红柿向家中走去,心中有感激,也有羞愧。"卖西红柿喽!"远处,又传来这亲切的叫卖声。

尽管手和膝盖都有些疼,但这个卖西红柿的叔叔心中那份爱让我感觉暖暖的。

抢　　水

——接过爱的接力棒

黄宇煌

连续七八天的暴雨，虽然大地到处是水，可我们的居民楼却滴水不见——自来水不知什么原因坏掉了，整条街陷入了一片水荒之中。开始几天，大家就用缸里仅有的自来水和商店里的纯净水煮面条、煮饺子、泡方便面，从顶楼上接雨水洗脸，冲厕所……

雨总算停了，可缸里的水和商店里的纯净水也用光了，大家只好提着水桶，拿着盆、锅拥向附近的水井，可大家都知道，在规划时，寸土寸金，于是那些"退休"的水井都被填了，如今，只剩我家楼下的一口水井了。

我和我妈还没走到井边，就听到了有如菜场般热闹的声音，走近一看，井前早已挤满了一大堆抢水的人。

这只桶还没接满,那个盆子又放了进来;这个盆还没接好,那个锅又伸过来……水桶碰着铝锅,铝锅碰着盆,哐当哐当,哐哐当当,震耳欲聋,仿佛打仗一般。

忽然,一个叔叔和一个阿姨一边争一边吵了起来,本来混乱的秩序变得更加混乱起来。这个人吵,那个人闹,这里挤来,那里拉去,人、盆和水桶乱成"一锅粥"。

"别吵了!"大家正不知怎么办才好时,本已把桶放在水管下的一位老爷爷站了起来,"你们都急需用水,那就节省点儿时间吧。吵有什么用?你们排好队,我不忙接,你们来接。"

满头银发的老爷爷果真说话算数,他拿起自己的空桶,退在一边。

听了老爷爷的话,看了老爷爷的行动,人们不好意思地自觉排成一条整齐的长龙。老爷爷则站在一旁维持秩序。多么可敬的老爷爷啊,若不是有你,事情不知会发展成什么样?

时间不知不觉过去了好久,老爷爷还没接水。他的家人给他打来了电话。老爷爷说:"这儿人多,我一会儿就回。"

这时一名大学生模样的大哥哥主动接替了老爷爷的位置,接下来有叔叔、阿姨,甚至还有小朋友,主动接过这根"爱心接力棒"。

虽然当今社会上有些人非常势利,只要有利可图,即使在道义面前也不放弃讨价还价,但这样的人是藐小的,他们必然不会得到人们的尊敬。而像老爷爷这样的人,值得我们每个人尊敬。

像老爷爷这样的人啊,你们真让我感动,我感谢你们,因为在你们的身上我感受到了"爱"。世间的"爱"是永恒的,是不变的,是永存于世的。一个人心里有别人,总能设身处地为他人着想,这样的爱,使我们心灵相通,使世界不再孤单。让你我伸出温暖之手,让世界充满爱,让生活中处处开满真、善、美的鲜花。

爱 心 小 屋

黄伟超

　　和谐如春风拂面,和谐如潺潺小溪,和谐如柳絮飘飞,和谐就是我们温暖的心与心之间的爱。作为一名新时代的小主人,我们应该积极为和谐中国添光彩,共同构筑我们的中国梦,从平时的一点一滴做起。你瞧,在我们校园中,和谐无处不在,我们教室一角的"爱心小屋",就是一个和谐的音符。

　　一天上课时,我们班有人忘了带笔,有的同学没墨水,只好到处去借,老师都不得不放慢上课的节奏……第二天,我们一进教室,便发现墙角多了一个"小屋子",小巧玲珑,甚是可人,打开一看,里面放着钢笔、墨水、铅笔,大家都很惊奇,这是谁放的?干什么用的呢?上课了,班主任老师笑着对我们说:"这小屋是圣诞老人送给大家的,里面的东西,同学们忘记带时,都可以借用。"

关于小屋的来历，其实大家心里有数……下午，我发现小屋里又多了许多东西，橡皮、三角板、尺子、圆珠笔……应有尽有，简直就像一个学习用品商店，这些都是同学们带来的。这个小屋，我们给它起了个名字，就叫"爱心小屋"。

有一次，上语文课时，老师的声音有些嘶哑，并且不断地咳嗽，但他还是坚持着，认真地给我们讲完了两节课。从此以后，我们的爱心小屋里又增添了几盒"金嗓子"，这是同学们用自己的零花钱为老师买来的。

还有一次，突然下起了倾盆大雨。我急着去上厕所，可没人带雨具，我只好冒雨去了，一去一回我即刻成了落汤鸡，冷得我直打哆嗦，双手冰凉。数学课上，老师关切地把我的小手捂进她的大手里，疼爱地说："哎呀，手冰凉，衣服也湿透了。"说着，她迅速脱下自己的外套，不由分说就给我穿上，再帮我扣好纽扣。虽然，此时的我就像掩在长袍底下的"瘦猴"一般，可穿上衣服的那一刻，我感到全身都热乎乎的。下午，我从家里带来一把雨伞，放进了爱心小屋里。不久，爱心小屋里又多了几把雨伞、几件雨衣。

……

爱心小屋在不断地"长大"。

爱心小屋的成长历程，不恰恰说明我们这些奥运小主人那种渴望和谐、践行和谐的实际行动已悄然吐枝，生根发芽了吗?

　　如果和谐是一缕春风,那我们的校园就是整个春天;如果和谐是一颗星星,那我们的校园就是璀璨的夜空;如果和谐是一滴生命之水,那我们的校园就是爱的海洋。而我们的爱心小屋也正伴随着这和谐的音符,把老师、同学们的爱不断地向外传播着,传播着……

小树的眼泪

——读《少年小树之歌》有感

曾思虹

当我读了《少年小树之歌》后，心里久久不能平静。这是个有趣而且让人回味无穷的故事……记得刚看这本书的题目时，我还以为是诗歌呢！令我没想到的是读着读着我就被书中的人物深深地吸引了。

当我读到"在查拉几族印第安人的观念里，万物都有灵魂和生命，大自然是万物的生机，是万物的主宰"时，我的心中也有一股冲动，是啊，作为万物的主宰，我们必须遵守它的法则，与它和平共处，这样我们才能得到我们所需要的东西，大自然也才能更为和谐地发展。但可惜的是，自以为是万物之灵的人类，却自傲得看不见危险，不断地去破坏它。

读着书中的情节，我深深地体会到小树的可怜和人类的残暴，我替我们人类感到惭愧，看到书中的情节，我的脸上红一阵白一阵，就像是煮熟的虾米一样。这时我不禁想起自己曾经做过的一件事。

小时候，我像一只好动的小猴子，喜欢爬上爬下，尤其是爬树，我更喜欢抓住树干荡秋千。在田野间密密麻麻的树林里，我相中了一枝纤巧的树枝，因为它不大不小正适合我坐。因此，我成了它的常客，不管黎明，还是傍晚，我总要到它那儿去报到。只可怜那小树再也没长身体，但每天仍要承受比它重好几倍的我的蹂躏、摆弄……可我却视而不见，依旧每天"荡着秋千"。有一天，我又来到了小树旁，无意中发现小树已是枝折花落，与旁边枝繁叶茂的树林成了鲜明的对比，可我仍熟视无睹，一屁股坐了上去，小树再也承受不住了，只听"啪"的一声，树枝断了，我也一屁股坐到了地上。被摔疼的我还暗自埋怨这小树竟敢捉弄我，于是我用力地把小树的另一根树干给折了下来，还不解恨的我又给它补了几脚……

现在读着《少年小树之歌》，再想想当时自己的所作所为，我深感内疚，如果当初不是自己的狂妄和任性，也许那棵小树现在已经长高了许多，将来还可能长成参天大树。是我一手断送了小树的生命，是我！就是我！我就是杀死小树的"刽子手"！不只有我，我们人类经常扮演着和我一样的角色，他们在漫长的岁月中，不知给多少树木留下了不可磨灭的伤痕。

　　我曾从电视上看到人们为了一己之私，砍伐树木去卖钱，最后还把整座山的树木给砍光了，没有了树林的防护，最后发生了可怕的灾害——泥石流，整个村庄被冲毁了，死伤不计其数。相信《一个小村庄的故事》大家应该都不陌生，人类靠两把斧头发家致富，可到最后，所有的一切都被冲走了，用斧子创造的一切，包括斧子……

　　人类啊，请接受我这真诚的提醒："给别人安息的地方，也就是给自己留下生存的希望！"

天生我材必有用

——读《火鞋与风鞋》有感

苏茹萍

寒假开始了,我准备实施寒假的读书计划。经老师推荐,我决定欣赏一下《火鞋与风鞋》这本书。辗转了几家书店,终于如愿以偿地得到了我想要的书。

这本书讲的是迪姆的故事,迪姆是一个又胖又矮的男孩儿,他把金钱看得很重,他认为有钱什么都能办到。我们可以将挣钱作为自己的目标,但一定不能定为一生的目标。金钱有利也有弊,如果中了金钱的陷阱,你将遗憾终生。你不可一辈子做金钱的奴隶,应打败它。迪姆把赚钱当作目标,费尽心机想要得到更多的钱。而我们也一样,一个目标实现了,就应该为下一个目标而努力。

俗话说得好:"天生我材必有用!"不要为了实现不

了一个目标而自暴自弃。我们的行程不可能一帆风顺，一路上总会有一些磕磕碰碰。不管是学习还是生活，总会遇到不如人意的地方，只要我们拥有坚定的信念，那么再大的困难也会迎刃而解的。

可能你一时无法实现你的目标，那么请你不要气馁，有可能是你的目标定得太大了，或者是你努力的方向有误，只要你调整方向，或者把目标定小一点儿，等这个目标实现之后，再去努力争取下一个目标，这样你也一定能够实现你的最终目标。

天生我材必有用，努力向自己的目标迈进吧，只要你有百折不挠的精神，那么成功离你就不会远了。

不经一番寒彻骨,哪得梅花香如许

——《艰难的历程》读后感

戴雨芳

我怀着无比崇敬的心情反复阅读了《艰难的历程》这本书,书中的主人公是一只被宠物市场淘汰即将被推上餐桌的杂种狗——阿蓬,在经历了无数次苦难的逃脱、求生过程后,逐渐变成了一个冷酷无情的生存机器,一直持续到它逃入牧场。在牧场里,阿蓬在与人类朝夕相处的接触中,开始学着信任人类,并与牧场里的一直充当牧羊犬的驯狼结下了深厚的友谊。驯狼虽是一只本性不改的狼狗,却多次勇敢地救了阿蓬,并欲引其"回归草原",但阿蓬最终还是选择以牧场作为归宿。在一次滑坡中主人不幸丧命,阿蓬不但没有退缩,还独自领着羊群,突破狼群的围追堵截,最终回到了牧场。这是一种多么可贵的精神啊!

正是因为阿蓬勇于与风雨搏击，与死神对抗，它才能看到胜利之后的曙光。这样艰难的归程，并不是每个人都能够有勇气坚持到最后的。文中的阿蓬深深地震撼了我的心灵。我读着，读着，阿蓬那坚毅的性格，仿佛就在我的眼前，它，一只普通的小狗，竟有钢铁般的意志。是什么力量推动着它鼓舞着它前进呢？那就是一种伟大的信念——和谐相处，这成了它顽强地与灾难做斗争的动力。

阿蓬的故事教育了我应该如何正确对待挫折，如何战胜困难。一只原本会成为人们口中食物的小狗，都能够在危急关头，为了把羊群带回草原而努力奋斗，我，一个在党和人民的阳光雨露抚育下的少年儿童，怎么能够被困难吓倒呢？

每当我遇到困难而退缩时，阿蓬就会出现在我的眼前，每当我受挫折而落泪时，阿蓬又似乎在鼓励我。

在人生的旅途中，你会遇到重重困难，要面对失败的打击和不被人理解的痛苦等。但是，这一切都是短暂的。在突破障碍，战胜困难后，回顾走过的道路，我们就会领悟到，那是磨炼人生的火焰。多少英雄、伟人，都是在熊熊燃烧的火焰中锻炼出来的，正如人们常说的："不经一番寒彻骨，哪得梅花香如许。"和阿蓬相比，我们在学习和生活中遇到的困难实在是微不足道，我们有什么理由唉声叹气、裹足不前呢？

一个人只有树立崇高的理想，才不会被生活所拖累，不会被不幸所压倒，他才会在苦难的熊熊烈焰中坚强起来，成熟起来，去热爱生活，去充实自己，迎接美好的明天。

哭泣的小金鱼

——读《美丽世界的孤儿》有感

黄米莱

踮起脚尖,轻轻踏入书的殿堂中,用手翻开书贪婪地读着。渐渐地,完全被书里的内容吸引了。这本书是《美丽世界的孤儿》。

刚开始是因为这本书的书名,出生在"美丽世界的孤儿",岂不是太不幸了吗?我迫不及待地翻开了书本:森林之王柳霞救了一只刚出生,母亲就不幸死去的可怜的小鹿——幺鲁达。从那以后,她俩开心地生活在一起,柳霞细心地照料幺鲁达,她俩建立了深厚的感情。

动物在有些人眼中就是空气,根本不把它当一回事,可柳霞却不是这样的人,她也只是一个普通人,却能把动物当成朋友对待,从不疏忽,小动物受伤了也能把它照料得无微不至，她甚至充当了动物的妈妈。

　　一个人一生最快乐的事就是尽自己最大的力量去帮助别人，这样看到别人得到帮助，自己心里也安稳了。动物不是人类的天敌，它们也有血有肉，有感情，它需要我们用一颗真诚、善良的心去对待它们。

　　柳霞的行为令我们钦佩，我却不能像她那样，爱护我们身边的动物朋友，说来我可真是惭愧呀！

　　那天，妈妈从街上买了几条可爱的小金鱼回来，放在鱼缸里，小金鱼在鱼缸中自由自在地游动着。过了几天，妈妈叫我给金鱼喂食。我心想：这还不简单，于是我顺手用筷子夹了些中午吃剩的饭，往鱼缸里一放，便自顾自地走开了。

　　到了晚上，我才想起看看小金鱼，出乎我意料的是，几条金鱼银白色的肚皮翻到水面上来了，鱼缸里的水上面全都是油和菜。我禁不住大声地哭起来。

　　想想柳霞，再想想自己的行为，我真的是太缺乏爱心了。每当看到小金鱼时，我总会感觉到它们似乎在哭泣……